ATIVIDADE DE INTELIGÊNCIA NA POLÍCIA JUDICIAL

ATIVIDADE DE INTELIGÊNCIA NA POLÍCIA JUDICIAL

Prefácio
Ministro Luiz Fux

A GESTÃO DO CONHECIMENTO COMO FATOR DETERMINANTE PARA A SEGURANÇA INSTITUCIONAL DO PODER JUDICIÁRIO

Marcelo Canizares Schettini Seabra
Maurício Viegas Pinto
(Orgs.)

ó Consciência®

ATIVIDADE DE INTELIGÊNCIA NA POLÍCIA JUDICIAL: A gestão do conhecimento como fator determinante para a segurança institucional do Poder Judiciário © 2024

Direção Editorial: Lívia Borges
Revisão e copidesque: Marcos Ferreira
Diagramação e capa: Madalena Araujo
Coordenador do Conselho Editorial: Prof. Dr. Marcos de Araújo

Ficha Catalográfica Elaborada pela Bibliotecária
Iris Soares LourençoCRB1/ 18187

S438a	Seabra, Marcelo Canizares Schettini. Atividade de inteligência na polícia judicial: a gestão do conhecimento como fator determinante para a segurança institucional do Poder Judiciário / Marcelo Canizares Schettini Seabra; Maurício Viegas Pinto (org.). – Brasília: Pró-Consciência, 2024. 224 p. ISBN 978-65-86485-27-1 1. Polícia Judicial. 2. Sistema de inteligência. 3. Gestão do conhecimento institucional. 4. Marcelo Canizares Schettini Seabra. 5. Maurício Viegas Pinto. I. Título. CDU 343.1

Editora
www.proconsciencia.com.br
Email: info@proconsciencia.com.br
@proconsciencia

"O silêncio é uma
das virtudes dos sábios."

Rabi Hillel
(70 - 8 a.C.)

APRESENTAÇÃO

Uma sequência de mensagens eletrônicas encaminhadas para um magistrado e seus familiares com ameaças de morte e menção a locais, horários e trajetos percorridos por eles cotidianamente. Telefonemas realizados a partir de números restritos insinuando conhecer detalhes sobre a rotina dessas pessoas. Cartas apócrifas, contendo outras ameaças, indicando nomes e endereços inexistentes para os remetentes. Vídeos com incitação à violência e novas ameaças de morte publicadas em fóruns da *dark web*.

Os exemplos mencionados ilustram um pouco do trabalho das unidades de Inteligência da Polícia Judicial. Para avaliar o risco e assessorar a implementação de medidas protetivas adequadas em face desses eventos, o Poder Judiciário instituiu o seu Sistema de Inteligência de Segurança Institucional, ao qual, conforme dispõe o parágrafo único, art. 1º, da Resolução nº 383/2021 do Conselho Nacional de Justiça (CNJ), compete "identificar, avaliar e acompanhar ameaças reais ou potenciais aos ativos institucionais".

Constata-se, assim, o importante papel que a atividade de Inteligência desempenhada pela Polícia Judicial assume no que concerne à antecipação de situações adversas que possam resultar em ataques a ativos judiciais. Nesse sentido, desde 2016, foram publicadas pelo CNJ normas que permitiram a operacionalização de um sistema coeso e articulado, que contempla em sua estrutura uma rede de unidades de Inteligência.

Ao analisar Sistemas de Inteligência em vários países do mundo, o ilustre professor Marco Cepik identificou uma estrutura padrão composta pelos seguintes elementos:

- Uma instância central de coordenação;
- Agências destinadas à coleta de informações;
- Unidades de análise vinculadas às agências responsáveis pela coleta;
- Algum órgão de formação e treinamento.

Com base nesse modelo, percebe-se na atual organização do Sistema de Inteligência de Segurança Institucional do Poder Judiciário efetiva capacidade para a identificação, avaliação e tratamento de ameaças direcionadas aos seus ativos institucionais. Note-se, nesse sentido, em comparação com a análise apresentada pelo professor Marco Cepik, a existência de uma "instância central de coordenação", desempenhada pelo Departamento de Segurança Institucional do Poder Judiciário (DSIPJ), de "agências destinadas à coleta de informações" (unidades com acesso a ferramentas de coleta, às quais caberia a identificação de potenciais ameaças veiculadas no ambiente virtual), de "unidades departamentais de análise vinculadas às agências responsáveis pela coleta" (em tese, toda e qualquer unidade que integre o Sistema de Inteligência de Segurança Institucional e que possua em seus quadros profissionais com treinamento especializado para identificar a natureza e avaliar o potencial das ameaças), de "algum órgão de formação e treinamento" (função assimilada, com naturalidade, pelas Escolas Judiciais e pela Academia Nacional de Segurança do Poder Judiciário) e, por fim, de "instâncias de supervisão externa" (atribuição exercida pelas Comissões Permanentes de Segurança e pelo próprio DSIPJ).

Acredita-se que, em uma conjuntura marcada por fortes antagonismos, reforçados pela expansão e fortalecimento do crime organizado, a efetiva operacionalização de um sistema destinado à gestão do conhecimento seja fator determinante para a implementação da segurança institucional no âmbito do Poder Judiciário.

Na presente obra, composta por artigos, ensaios e reflexões, são apresentadas propostas e experiências bem-sucedidas adotadas por unidades de Inteligência de Segurança Institucional estruturadas em todos os ramos do Poder Judiciário. O livro abrange a sua atuação em nível operacional, tático e estratégico, além de contemplar questões referentes a preceitos éticos e legais, imprescindíveis à implementação da atividade de Inteligência na Polícia Judicial.

Desejamos a todos uma excelente leitura.

Os organizadores

PREFÁCIO

Dizia o ilustre professor uruguaio Eduardo Couture que *em um país onde os juízes temem, as suas decisões valerão tanto quanto valem esses homens.*

É que, sob a égide do *rule of law*, pedra de toque das democracias constitucionais, o compromisso maior do Poder Judiciário consiste na preservação da sua independência na guarda da Constituição e das leis, firmando-se equânime diante dos sopros momentâneos da opinião pública.

Conquanto se considere que a magistratura deva atentar-se ao sentimento constitucional do povo, expresso na Carta Magna, é bem verdade, também, que a altivez dos juízes depende do exercício das suas funções de forma alheia a possíveis retaliações e intimidações.

Nesse contexto, a *segurança institucional do Poder Judiciário* surge como necessidade incontornável para a garantia de sua autonomia, livre de ameaças e indevidas pressões externas. Torna-se essencial, para o cumprimento desse propósito, o papel exercido pela Polícia Judicial e suas atividades de inteligência.

A sua atuação, destarte, tem se demonstrado crucial na previsão de movimentos hostis, adotando medidas para a avaliação e redução de possíveis riscos à segurança institucional, *máxime* diante da realização de trabalho conjunto com outras áreas estratégicas, para eliminar as constantes — mas sempre infrutíferas — tentativas de amedrontamento do Poder Judiciário.

Deveras, em célebre discurso proferido perante a Ordem dos Advogados norte-americana, o eminente *Justice* da Suprema Corte dos Estados Unidos, David Souter, enunciava, com propriedade, que *há um perigo para a independência judicial quando o povo não tem a exata compreensão de como a atuação do Poder Judiciário se enquadra na sistemática constitucional do seu país.*

Nos últimos anos, as Cortes têm sido instadas a decidir sobre questões de desacordo moral na sociedade, sobre as quais não possuem capacidade institucional para se manifestar. Por isso, são expostas à critica e a insatisfação da sociedade em níveis alarmantes. Como reflexo deste fenômeno global, o Brasil tem sido testemunha de diversos ataques ao seu Poder Judiciário, que vão desde ofensas pessoais aos seus membros até a degradação de suas instalações físicas, conforme observamos, *v.g.*, nos lamentáveis episódios do 8 de janeiro.

Ainda quando exerci a presidência do Supremo Tribunal Federal (STF) e do Conselho Nacional de Justiça (CNJ), presenciei momentos de grande tensão nas manifestações entre 6 e 7 de setembro de 2021, quando nos deparamos com diversas ameaças de invasão do Tribunal. Contei, naquela e em tantas outras oportunidades, com os préstimos da Polícia Judicial para contermos os rompantes dos grupos radicais que desejavam, sem sucesso, abalar a nossa democracia.

O incidente denota a importância de envidarmos esforços para o aprimoramento da Polícia Judicial e o seu gerenciamento de inteligência, porquanto indispensáveis para a manutenção da integridade da magistratura brasileira. Esse aperfeiçoamento dependerá do pensamento coletivo daqueles que têm o compromisso de fazer o sistema de segurança institucional do Poder Judiciário mais eficiente, desenvolvendo o padrão de excelência observado nos últimos anos.

Consectariamente, a obra que o leitor tem em mãos é um importantíssimo passo na busca por esse aprimoramento, fruto da cuidadosa organização dos Drs. Marcelo Canizares Schettini Seabra e Maurício Viégas Pinto. Demonstram eles, mais uma vez, o brilhantismo que tenho constatado desde quando pude contar com a valorosa contribuição de ambos na Secretaria de Segurança do Supremo Tribunal Federal, durante a minha gestão à frente da Corte.

Naquele período, o Dr. Marcelo Schettini, Secretário de Segurança do Supremo Tribunal Federal e membro do Comitê Gestor do Sistema Nacional de Segurança do Poder Judiciário, e o Dr. Maurício Viégas Pinto, Gerente de Inteligência da referida Secretaria, muito cooperaram com a promoção de uma política judiciária de segurança institucional, que instituímos através da Resolução nº 435/2021, do Conselho Nacional de Justiça.

A esse movimento são somadas outras relevantes iniciativas, como a inauguração da Academia Nacional de Segurança Institucional do Poder Judiciário (Resolução do CNJ, nº 472/2022), destinada à: "I – formar e aperfeiçoar os inspetores e agentes da polícia judicial"; II – "planejar, ministrar e supervisionar cursos para os membros e servidores do Poder Judiciário na área de segurança institucional e inteligência"; III – "viabilizar intercâmbio com instituições congêneres, nacionais e internacionais"; e IV – "promover e se fazer representar em congressos e seminários de segurança e inteligência" (art. 1º, § 1º).

Como resultado de toda essa experiência, a pesquisa e a reunião dos dez artigos que compõem a presente obra são de grande valia para o tão caro intercâmbio de ideias entre as áreas de inteligência dos mais diversos ramos da Justiça brasileira, através de notáveis abordagens sobre temas como: utilização da inteligência artificial, emprego técnico de fontes humanas, aplicação da análise de dados, aplicação de análise espacial, dentre outros.

Expresso, assim, a minha imensa satisfação em prefaciar esta obra, porque prezar pelo avanço da Polícia Judicial e seu sistema de inteligência significa, em última análise, contribuir para a garantia da independência do nosso Poder Judiciário.

Desejo a todos boa leitura!

Brasília, abril de 2024.

Luiz Fux

Ministro do Supremo Tribunal Federal (STF).
Ex-Presidente do Tribunal Superior Eleitoral (TSE).
Professor Titular de Direito Processual Civil da Universidade do Estado do Rio de Janeiro (UERJ).
Doutor e Livre-Docente em Direito Processual Civil pela Universidade do Estado do Rio de Janeiro (UERJ).
Membro da Academia Brasileira de Letras Jurídicas.
Membro da Academia Brasileira de Filosofia.

SUMÁRIO

Instituições garantidoras da democracia tornam-se alvos potenciais de atores antagônicos que buscam a desestabilização do Estado e a fragmentação social, objetivos esses que sempre serão alcançados com maior facilidade a partir do momento em que essas instituições forem desacreditadas junto à sociedade.

A DESINFORMAÇÃO COMO AMEAÇA HÍBRIDA PARA A ESTABILIDADE POLÍTICA E INSTITUCIONAL: UMA PROPOSTA PARA A DEFESA DOS ATIVOS DO PODER JUDICIÁRIO

MAURÍCIO VIEGAS PINTO

Máster Internacional em Operações de Inteligência e Contrainteligência pela UDIMA (Espanha). Especialista em Inteligência e Segurança Internacional pela Universidade de Alicante (Espanha). Pós-graduado em Inteligência Estratégica pela Universidade Gama Filho. Bacharel em Direito pela UNIEURO. Diplomado no Curso Superior de Inteligência Estratégica (CSIE) pela Escola Superior de Defesa. Diplomado no Curso Superior de Política e Estratégia (CSUPE) pela Escola Superior de Guerra. Assessor de Inteligência da Secretaria de Segurança do STF.

RESUMO

O artigo objetiva destacar o risco potencial de emprego da desinformação como ameaça híbrida para a estabilidade política e institucional, com foco nos ativos do Poder Judiciário. A partir da descrição sucinta de dois casos concretos, utiliza-se a metodologia de pesquisa bibliográfica para examinar aspectos relacionados à nomenclatura, classificação, mecanismos, abrangência e natureza da desinformação. Inferências fundamentadas na experiência profissional do autor foram utilizadas para a formulação da proposta apresentada ao final. Sugere-se que as unidades de Inteligência da Polícia Judicial possam, mediante qualificação adequada e amparo normativo, contribuir para otimizar o processo de identificação, avaliação e tratamento de ações de desinformação deflagradas contra ativos institucionais do Poder Judiciário.

Palavras-chave: Desinformação. Ameaças Híbridas. Inteligência de Segurança Institucional.

1. INTRODUÇÃO

Em abril de 2021, em meio à crise sanitária global, um vídeo publicado na plataforma *YouTube* declarava – de forma fraudulenta – que o Supremo Tribunal Federal (STF) havia autorizado a criação de "campos de concentração" com o objetivo de forçar a internação de indivíduos não vacinados e não testados para o novo coronavírus. A postagem, que simulava o sistema de acompanhamento processual utilizado pela Corte, mencionava ainda o número de uma suposta Ação de Declaração de Constitucionalidade (ADC), de modo a induzir que os seus destinatários acreditassem na veracidade do conteúdo exposto pelo autor. O vídeo alcançou milhares de visualizações, sendo exaustivamente compartilhado e comentado nas mídias sociais e em grupos de mensageria.

No mesmo período, outro vídeo, igualmente fraudulento, tornou-se viral ao disseminar a existência de uma suposta resolução que isentaria deputados, senadores e ministros do STF de se imunizarem, mensagem com grande potencial para gerar em seus destinatários um estado de medo e desconfiança quanto à vacina e de animosidade em relação ao Supremo.

Esses dois exemplos, que aos olhos de um leigo podem até parecer meras bravatas, configuraram, em conjunto com outras centenas de publicações enganosas e manipuladoras, potencial campanha orquestrada para a criação e disseminação de falsas notícias, com a finalidade de atacar a sociedade em sua dimensão psicossocial, de modo a fomentar a desestabilização institucional da Suprema Corte no curso da pandemia da Covid-19 (Figuras 1 e 2).

Importante destacar que os episódios mencionados de modo algum retratam questionamentos válidos sobre aspectos científicos ou epidemiológicos. Ao contrário, ambos foram elaborados com base em informações falsas e reforçados com elementos clássicos de propaganda, como, por exemplo, o recurso ao medo para despertar interesse no compartilhamento de seus conteúdos. Tais características tornam essas mensagens aptas a induzir reações hostis, com incitação à violência e até mesmo ameaças de morte direcionadas a ministros e seus familiares, além de contribuírem para descredibilizar instituições que são essenciais para fortalecer o Estado em momentos de crise.

No presente artigo aborda-se esse método de ação que, embora não seja novo, tornou-se exponencialmente mais poderoso em razão dos recentes avanços registrados no âmbito das tecnologias da informação e da comunicação, e ao qual denominamos *desinformação.*

Figura 1: Vídeo com declaração falsa sobre criação de campos de concentração para não imunizados

Foto: Estadão

FONTE: https://www.estadao.com.br/estadao-verifica/nao-stf-nao-autorizou-criacao-de-campos-de-concentracao-para-nao-vacinados/. Acesso em: 22 ago. 2024.

Figura 2: Vídeo com declaração falsa sobre isentar deputados, senadores e ministros do STF de se imunizarem

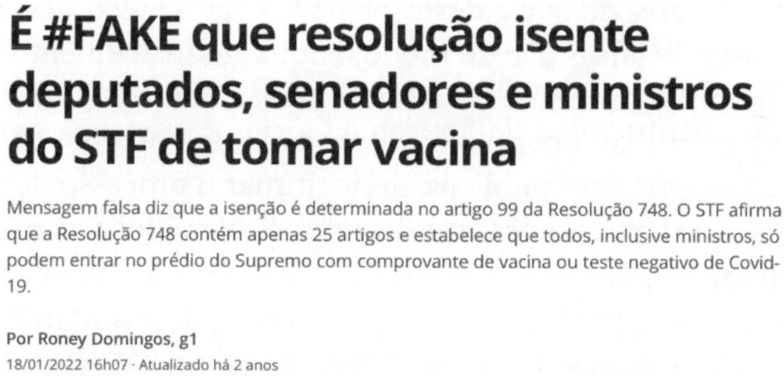

É #FAKE que resolução isente deputados, senadores e ministros do STF de tomar vacina

Mensagem falsa diz que a isenção é determinada no artigo 99 da Resolução 748. O STF afirma que a Resolução 748 contém apenas 25 artigos e estabelece que todos, inclusive ministros, só podem entrar no prédio do Supremo com comprovante de vacina ou teste negativo de Covid-19.

Por Roney Domingos, g1

18/01/2022 16h07 · Atualizado há 2 anos

FONTE: https://g1.globo.com/fato-ou-fake/coronavirus/noticia/2022/01/18/e-fake-que-resolucao-isente-deputados-senadores-e-ministros-do-stf-de-tomar-vacina.ghtml. Acesso em: 22 ago. 2024.

2. CONCEITO E CLASSIFICAÇÃO: O ECOSSISTEMA DA DESINFORMAÇÃO

No contexto da atividade de Inteligência, a desinformação é referenciada tanto pela Doutrina da Atividade de Inteligência da Agência Brasileira de Inteligência (ABIN), que estabelece o balizamento a ser observado no que tange às ações planejadas e executadas pela Inteligência de Estado, quanto pela Doutrina de Inteligência de Segurança Institucional do Poder Judiciário, que dispõe sobre os princípios e valores que norteiam as unidades de Inteligência dos tribunais. Em ambos os casos, ressalta-se a necessidade de contraposição à desinformação promovida por atores hostis. Nesse sentido, a Doutrina da ABIN (BRASIL, 2023, p. 16) identifica a desinformação como uma das ações adversas que podem ser perpetradas por organizações e indivíduos que empreguem técnicas especializadas. Ademais, o mesmo documento (BRASIL, 2023, p. 73) conceitua da seguinte maneira a desinformação: "[...] conjunto de ações que dissemina deliberadamente informações falsas, com o intuito de enganar ou confundir público-alvo específico para causar dano, induzir ao erro ou manipular situação ou evento em prol dos interesses do patrocinador".

Conquanto não esteja expresso no fragmento acima, há consenso entre diferentes autores de que a desinformação não se resume à mera veiculação de notícias falsas. Desse modo, enquanto instrumento de ameaça híbrida (conceito que será detalhado mais adiante), ela deve possuir capacidade para minar a confiança depositada no governo, desacreditar instituições e autoridades públicas, deslegitimar o processo democrático e, em casos extremos, promover a desestabilização política e institucional de um país.

Embora seja usual o emprego da expressão "falsas notícias" como sinônimo de desinformação, a necessidade de maior precisão conceitual para o estudo da temática motivou autores, como Wardle e Derakhshan (2017, p. 16), a alertarem para a inadequação de se utilizar termos genéricos em referência a esse fenômeno.

Dessa maneira, com o intuito de apresentar uma classificação que se aplique ao amplo espectro da desordem informacional, os autores sugerem a metodologia proposta por Wardle em 2017, na qual são indicadas sete categorias para cobrir o chamado ecossistema da desinformação, desde a *misinformation* (que compreenderia qualquer mensagem com conteúdo incorreto inserido de modo não intencional) até a *disinformation* (que abrangeria especificamente mensagens fraudulentas elaboradas com o propósito de manipular um determinado público).

O diagrama a seguir apresenta as categorias que formam o ecossistema da desinformação:

Figura 1: Ecossistema da desinformação

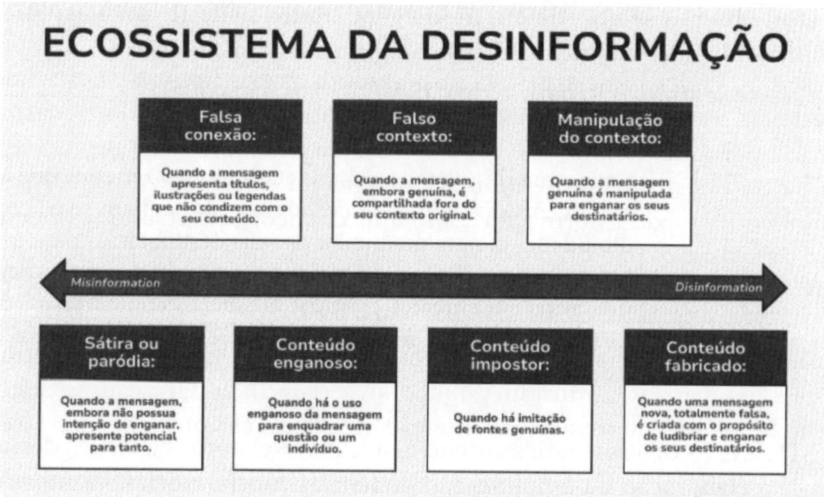

FONTE: Adaptado com base na classificação proposta por Wardle (2017).

3. MECANISMOS UTILIZADOS NO PROCESSO DE DESINFORMAÇÃO

De acordo com Relatório elaborado pela *Cybersecurity and Infrastructure Security Agency* - (CISA), diferentes mecanismos são empregados para promover a desinformação. A partir da análise de casos concretos, observa-se que, de um modo geral, todos se destinam a explorar vulnerabilidades cognitivas ou psicológicas do público-alvo.

Nesse sentido, o Relatório da CISA (2022, p. 1) assinala:

> Cada uma dessas táticas é projetada para fazer com que as mensagens dos atores de desinformação tenham mais credibilidade ou para manipular os seus destinatários para um fim específico. Elas muitas vezes procuram polarizar os destinatários em embates políticos ou sociais controversos, de forma que os seus receptores se tornem mais susceptíveis à desinformação[1].

Dentre as diversas táticas mencionadas no Relatório da CISA, destaca-se a elaboração ou amplificação de teorias conspiratórias. Conforme ressaltado pela CISA (2022, p. 1), tais teorias são largamente exploradas no processo de difusão da desinformação:

> Teorias conspiratórias tentam explicar eventos importantes como tramas secretas que envolvem atores poderosos. As teorias conspiratórias não afetam apenas a compreensão do indivíduo sobre um determinado tema; elas são capazes de moldar e influenciar toda a sua visão de mundo. Atores de desinformação exploram teorias conspiratórias gerando narrativas que se alinham com esta visão de mundo e, desse modo, aumentam a probabilidade de que sua narrativa ressoe no público-alvo[2].

---

1 Livre tradução do autor.

2 Idem.

Por óbvio, a exploração de teorias conspiratórias como forma de potencializar o efeito da desinformação entre integrantes de um público-alvo não ocorre de maneira isolada. Outros mecanismos também são empregados por atores de desinformação com o propósito de conferir maior credibilidade às suas mensagens e ampliar a capacidade de que elas reverberem entre os seus destinatários. Dentre esses recursos, destaca-se o *astroturfing*, prática que, de acordo com Wardle e Derakhshan (2017, p. 4), consiste no impulsionamento artificial de mensagens nas mídias sociais. O *astroturfing* também é mencionado no relatório da CISA (2022, p. 1) como mecanismo empregado para potencializar a desinformação:

> Campanhas de desinformação frequentemente publicam quantidades esmagadoras de conteúdo com mensagens iguais ou semelhantes de várias contas inautênticas. Esta prática, conhecida como *astroturfing*, cria a impressão de amplo apoio popular ou oposição a uma mensagem, ao mesmo tempo que oculta a sua verdadeira origem. Uma tática semelhante, a inundação, envolve postagens *spam* em mídias sociais e seções de comentários com a intenção de moldar uma narrativa ou abafar pontos de vista opostos[3].

De fato, nota-se grande convergência entre o chamado *astroturfing* e a fabricação do consenso, muitas vezes gerada de forma artificial, em ações de propaganda. Volta-se aqui a um dos princípios basilares da persuasão, que recorre a uma tendência ancestral do ser humano, em especial em situações de risco iminente (como no contexto de uma pandemia, por exemplo), de agir em conformidade com o grupo. Assim, ao se "demonstrar" que a maioria das pessoas (na verdade, perfis falsos criados por robôs) tende a pensar de um modo específico, aumenta-se significativamente a probabilidade de que outras pessoas, até então indecisas, passem a pensar – e se comportar – de modo semelhante. Desnecessário recordar que o efeito desta prática se torna ainda mais intensificado em face dos algoritmos utilizados pelas redes sociais.

Cumpre ressaltar que, não obstante atores de desinformação frequentemente recorram a meios cibernéticos para amplificar os efeitos de suas mensagens ou para garantir o anonimato dos conteúdos veiculados, nem todo ataque cibernético estará diretamente relacionado a uma campanha de desinformação. Note-se, nesse sentido, que um ataque que

3 Livre tradução do autor.

objetive apenas auferir ganho de ordem financeira, como ocorre em golpes virtuais que buscam acesso a dados de clientes de instituições bancárias, não reunirá os elementos necessários para caracterizar uma ação de desinformação, quais sejam: descredibilizar instituições e autoridades para desestabilizar o governo ou deslegitimar o processo democrático.

Saliente-se ainda, no que tange aos mecanismos da desinformação, o enorme impacto que as tecnologias de inteligência artificial podem provocar com a criação de *deepfakes* praticamente indiferenciáveis de fotos, vídeos ou áudios obtidos de maneira real, o que potencializa ainda mais o poder persuasivo de mensagens veiculadas com o propósito de manipular os seus destinatários. Conforme alerta realizado pelo relatório da CISA (2022, p. 4):

> [...] *deepfakes* são desenvolvidos treinando algoritmos de inteligência artificial (IA) no conteúdo de referência até que se possa produzir mídia que seja quase indistinguível da vida real A tecnologia *deepfake* torna possível representar de forma convincente alguém fazendo algo que não fez ou dizendo algo que não disse. (...) Fotos *deepfake* produzidas por atores de desinformação podem ser usadas para criar perfis realistas e estruturar uma grande rede de contas inautênticas em mídias sociais. Vídeos *deepfake* frequentemente usam a tecnologia de IA para mapear o rosto de uma pessoa e transferi-lo para o corpo de outra pessoa. No caso de áudios *deepfake*, uma "voz clone" pode produzir novas frases apenas como áudio ou como parte de um vídeo *deepfake*, muitas vezes utilizando como base apenas algumas horas (ou mesmo minutos) de arquivos de áudio de referência. Finalmente, um uso emergente da tecnologia *deepfake* envolve textos gerados por IA, a qual pode produzir escrita realista, e se configura como um desafio único devido à sua facilidade de produção[4].

---

4 Livre tradução do autor.

4. A DESINFORMAÇÃO COMO FATOR DE RISCO EM ESCALA GLOBAL

O Relatório de Riscos Globais - 2024, do Fórum Econômico Mundial (WEF), aponta a desinformação como o maior fator de risco a curto prazo em escala global. O documento alerta para o fato de que atores nacionais e estrangeiros poderiam empregar a desinformação para gerar polarização, provocar desestabilização política e institucional, deslegitimar governos, incitar a realização de discursos e protestos violentos e, inclusive, radicalizar grupos e indivíduos para a prática de atos terroristas (WEF, 2024).

Nesse contexto, o Relatório (WEF, 2024, p. 19) aponta o elevado risco associado à desinformação em face das disputas eleitorais que se aproximam em diferentes países:

> As implicações dessas campanhas manipuladoras poderiam ser profundas e ameaçar processos democráticos. Se a legitimidade das eleições for questionada, o confronto civil é possível – e poderia até mesmo expandir para conflitos internos, terrorismo e colapso do Estado em casos mais extremos[5].

O gráfico a seguir indica a percepção de diferentes países em relação ao risco representado pela desinformação nos próximos dois anos (2024 a 2026).

5 Livre tradução do autor.

Figura 2: Percepção em relação ao risco representado pela desinformação nos próximos dois anos (2024 a 2026)

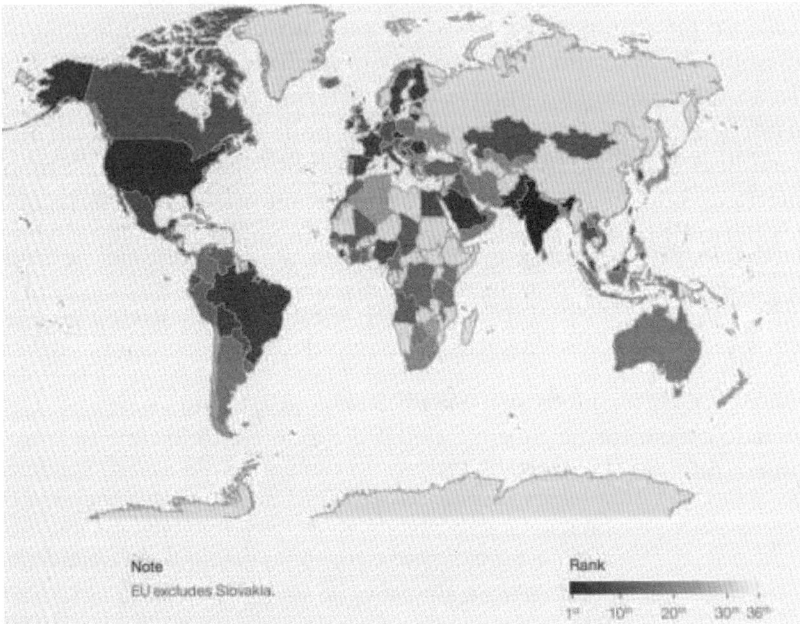

Fonte: Adaptado com base no Relatório de Riscos Globais do Fórum Econômico Mundial (2024).

Tal percepção, de acordo com o mencionado Relatório (WEF, 2024, p. 20), fundamenta-se na constatação de que tecnologias de manipulação informacional estão cada vez mais acessíveis para emprego por parte de atores hostis, sejam eles estatais ou não estatais:

> Alguns governos e plataformas, com o objetivo de proteger a liberdade de expressão e as liberdades civis, podem deixar de agir com efetividade para coibir a manipulação informacional, tornando a definição de "verdade" cada vez mais controversa em todas as sociedades. Atores estatais e não estatais podem aproveitar-se de informações falsas para ampliar fraturas nas visões sociais, corroer a confiança da

> população nas instituições políticas, e ameaçar a coesão e a coerência nacional[6].

De modo análogo, em estudo realizado para o *European Centre of Excellence for Countering Hybrid Threats*, no qual a desinformação é contemplada como um dos instrumentos utilizados em ações de manipulação informacional e interferência externa, Newman (2022, p. 9) a considera como fator de risco global, pois pode ser empregada em ações antagônicas conduzidas no espectro de conflitos geopolíticos: "Embora a guerra de informação não seja uma ameaça nova, os avanços tecnológicos permitiram que atores hostis pudessem empregar melhor os seus recursos como parte de estratégias geopolíticas[7]".

De fato, para Newman (2022, p. 13), até mesmo o enfrentamento ao risco gerado por ações adversas de manipulação informacional deveria ser coordenado em escala global:

> "[...] Tal atividade é de caráter manipulativo, conduzida de forma coordenada e intencional. Pode ser realizada por atores estatais ou não estatais, incluindo aqueles que agem *por procuração*, dentro e fora do seu próprio território". A modelagem manipulativa de atitudes e comportamentos por meio da guerra informacional para minar a confiança pública em instituições democráticas é cada vez mais prevalente. Com mais de cinco bilhões de usuários de Internet em todo o mundo, a magnitude, potência e proliferação das ações de interferência externa e manipulação informacional foi ampliada [...]. Do mesmo modo, o aumento na utilização de mídias sociais serviu para ampliar exponencialmente o poder dessas ações. A manipulação informacional por meio de mídias sociais provou ser um fator-chave nos últimos acontecimentos da guerra informacional e exige uma resposta global colaborativa[8].

6 Livre tradução do autor.

7 Idem.

8 Idem.

5. DESINFORMAÇÃO: AMEAÇA HÍBRIDA PARA A ESTABILIDADE POLÍTICA E INSTITUCIONAL

Diferentemente de conflitos convencionais, nos quais as hostilidades se caracterizam essencialmente pela expressão do poder militar, na chamada guerra híbrida os ataques podem ocorrer de forma mais sutil, embora não sejam menos violentos. Meios militares e não militares combinam-se em um esforço conjunto para alcançar os objetivos propostos. Nesse sentido, Korybko (2018, p. 25) faz a seguinte ressalva sobre as ameaças híbridas:

> A novidade dessa abordagem é que, para ser bem-sucedida, basta semear o caos e criar forças centrípetas que por si só ameacem dilacerar uma sociedade-alvo. Ela não precisa derrubar um governo em si para dar certo, precisa tão somente fazer com que a sociedade se divida, e a incerteza, em larga escala, arauto do caos social, faz o resto.

Ainda em 1989, Willian Lind, citado por Korybko (2018, p. 26), publicou artigo em que descreve o conceito das guerras de quarta geração, as quais, segundo o autor, atribuiriam maior ênfase às operações psicológicas e informacionais[9]:

> As operações psicológicas podem se tornar a arma operacional e estratégica dominante assumindo a forma de intervenção midiática/informacional [...] O principal alvo a atacar será o apoio da população do inimigo ao próprio governo [...] As notícias televisionadas se tornarão uma arma operacional mais poderosa que as divisões armadas.

De forma a corroborar o prognóstico efetuado por Willian Lind para as guerras de quarta geração, Korybko (2018, p. 26) observa que na atualidade os conflitos já se caracterizam por ataques informacionais (desinformação) contra governos, nos quais tanto civis quanto militares

9 *The Changing Face of War: Into the Fourth Generation.*

podem atuar para promover a desestabilização política e institucional de um país, o que se compatibiliza, de modo integral, com o conceito de guerra híbrida.

Em que pese a guerra híbrida seja multifacetada e contemple, por definição, a possibilidade de ataques de diferentes naturezas, no que tange especificamente aos meios "não militares", ou seja, ao emprego de civis em ações destinadas à derrubada de governos em regimes democráticos, a desinformação revela-se como o principal meio para a mobilização e radicalização de grupos e indivíduos em prol de narrativas que objetivem minar a confiança depositada pela população em suas instituições, de forma a desacreditá-las e deslegitimá-las, abrindo caminho para a implantação de um clima de instabilidade política no país. Nesse mesmo sentido, ao explorar o conceito de guerra cognitiva, Deppe (2023, n.p.) assim se expressa sobre o papel da desinformação no âmbito das ameaças híbridas:

> A desinformação desempenha um papel significativo nas ameaças híbridas. No domínio das ameaças híbridas, a desinformação constitui uma categoria entre várias ferramentas informacionais. O objetivo da desinformação nas ameaças híbridas é abalar a confiança nas instituições, minar a coesão social e criar uma sensação de caos e incerteza. [...] A desinformação pode ser utilizada para desviar a atenção de outras atividades, como operações militares ou ataques cibernéticos. A desinformação, no âmbito das ameaças híbridas, pode assumir muitas formas, incluindo notícias falsas, propaganda e teorias da conspiração. É utilizada de forma coordenada com uma gama de ferramentas focadas em diferentes áreas e vulnerabilidades da sociedade[10].

Conforme destacado anteriormente, para que a desinformação seja bem-sucedida, principalmente quando o seu objetivo for incitar grupos e indivíduos a se revoltarem contra instituições e governos legitimamente instituídos, é importante que os seus destinatários acreditem que a mensagem veiculada corresponda ao pensamento da maioria. Com relação a esse aspecto, não se pode vislumbrar a desinformação desvinculada de elementos de propaganda, capazes de exaltar aspectos emocionais, e até mesmo instintivos, de tal forma que argumentos racionais sejam totalmente evanescidos.

---

10 Livre tradução do autor.

Nesse sentido, Korybko (2018, p. 47-48) recorre a Edward Bernays, renomado especialista que estabeleceu as bases da moderna propaganda no início do século XX, para destacar a importância da fabricação do consenso no processo de convencimento das massas sobre a racionalidade de uma determinada ideia:

> Palavras, sons e imagens realizam pouco a não ser que sejam as ferramentas de um plano minuciosamente arquitetado e de métodos cuidadosamente organizados. Se os planos são bem formulados e faz-se uso deles corretamente, as ideias transmitidas pelas palavras tornam-se parte integrante das próprias populações. Quando o público é convencido da racionalidade de uma ideia, ele entra em ação [...] [*ação essa*] sugerida pela própria ideia, seja ela ideológica, política ou social [...] mas esses resultados não acontecem do nada [...] eles podem ser obtidos principalmente pela fabricação do consenso.

Naturalmente, tal processo não se estabelece da noite para o dia, e também não se aplica à totalidade das pessoas. Sua exequibilidade depende de um conhecimento profundo do público-alvo, ao qual a desinformação é direcionada, bem como de sua predisposição para aceitar os elementos persuasivos veiculados em conjunto com a mensagem.

Os indivíduos que forem efetivamente afetados pelo conteúdo da desinformação, passam a adotar um comportamento de massa, ou seja, o seu pensamento e a sua conduta refletem, de forma praticamente automática, o pensamento e a conduta do grupo no qual estão inseridos. Conforme assinalado por Korybko (2018, p. 48),

> esses indivíduos não tomaram consciência do verdadeiro papel que desempenham nos eventos em desdobramento, mas serão meramente usados como artifício para dar a impressão de apoio unânime ao golpe. Eles também podem agir no papel de "escudos humanos" para proteger os membros centrais da revolução [...] contra métodos vigorosos adotados pelo Estado para dispersar a tentativa de golpe.

Nesse sentido, Korybko (2018, p. 48) destaca que o principal objetivo de um ataque informacional (desinformação) em um contexto de desestabilização política e institucional para a derrubada de governos consiste em:

> [...] que o alvo internalize as ideias que lhe são apresentadas, dando a impressão de que os próprios manifestantes chegaram, por conta própria, às conclusões induzidas de fora. As ideias contra o governo devem parecer espontâneas e não forçadas, dando-se grande ênfase à abordagem indireta para comunicá-las. Se as pessoas perceberem que estão sendo manipuladas por mãos invisíveis, elas rejeitarão em massa a mensagem. Se, contudo, for possível internalizar essa mensagem em uma pessoa e ela começar a difundi-la para seus amigos íntimos e pessoas próximas, que jamais sequer imaginariam que essa pessoa está sob a influência involuntária de uma operação psicológica estrangeira, então o vírus [...] contaminará a sociedade e começará a espalhar as ideias da revolução [...] por conta própria.

Da leitura do fragmento acima, depreende-se que após iniciado o processo de deslegitimação de instituições não se interrompe por vontade própria. Com efeito, a sua adequada contraposição depende da prévia identificação, avaliação e tratamento das ações de desinformação. E no âmbito da segurança institucional do Poder Judiciário, conforme se apontará a seguir, essa atribuição poderia ser assimilada, de forma harmônica e coordenada com outras iniciativas existentes, pelas unidades de Inteligência da Polícia Judicial.

6. UMA PROPOSTA PARA A DEFESA DOS ATIVOS DO PODER JUDICIÁRIO

Não é difícil imaginar que a desinformação – ameaça híbrida empregada por atores hostis – possa configurar risco a diversos ativos institucionais do Poder Judiciário. Por outro lado, às unidades de Inteligência da Polícia Judicial, conforme dispõe o parágrafo único, art. 1º, da Resolução nº 383/2021 do Conselho Nacional de Justiça, compete:

> [...] o exercício permanente e sistemático de ações especializadas para ***identificar, avaliar e acompanhar ameaças reais ou potenciais aos ativos do Poder Judiciário***, orientadas para a produção e salvaguarda de conhecimentos necessários ao processo decisório no âmbito da segurança institucional (CNJ, 2021, grifo do autor).

Nesse contexto, destaca-se o importante papel que as unidades de Inteligência da Polícia Judicial poderiam assumir no que concerne ao enfrentamento à desinformação, tendo em vista que tal ação é deflagrada com o propósito de atingir ativos institucionais, como a honra, a imagem e a reputação do Poder Judiciário, minando a sua credibilidade junto à sociedade.

Conforme exemplificado, a desinformação, considerada por autores renomados como uma ameaça de natureza híbrida, pode ser empregada para promover desestabilização política e institucional. Nota-se, nesse sentido, o delineamento de uma ameaça que não deveria escapar ao monitoramento das unidades de Inteligência da Polícia Judicial. Eventos ocorridos em diferentes países (inclusive no Brasil) sugerem que a desinformação esteja sendo aplicada de forma sistemática para promover a polarização e a radicalização de grupos e indivíduos através da veiculação de discursos com incitação à realização de protestos violentos e outros atos hostis.

Acredita-se, desse modo, que as unidades de Inteligência da Polícia Judicial possam efetivamente contribuir para otimizar o processo de identificação, avaliação e tratamento de campanhas de desinformação deflagradas contra ativos do Poder Judiciário.

7. CONSIDERAÇÕES FINAIS

Ao longo do artigo procurou-se assinalar diversos aspectos que caracterizam a desinformação como ameaça híbrida para a estabilidade política e institucional de um país, de um modo geral, e para o Poder Judiciário, em particular.

Observou-se que, embora não se trate de fenômeno recente, os seus efeitos foram extremamente potencializados em razão dos avanços tecnológicos experimentados nos últimos anos, em especial com o advento das mídias sociais e das tecnologias de inteligência artificial.

Diante de tal conjuntura, instituições garantidoras da democracia tornam-se alvos potenciais de atores antagônicos que buscam a desestabilização do Estado e a fragmentação social, objetivos esses que sempre serão alcançados com maior facilidade a partir do momento em que essas instituições forem desacreditadas junto à sociedade. Campanhas de desinformação contra órgãos do judiciário compõem a estratégia de praticamente todos os grupos e movimentos extremistas. A sua proteção, por outro lado, repousa unicamente nas mãos das pessoas de bem.

8. REFERÊNCIAS

BRASIL. ABIN - Agência Brasileira de Inteligência. **Doutrina da Atividade de Inteligência.** Brasília, Novembro 2023. Disponível em: <https://www.gov.br/abin/pt-br/centrais-de-conteudo/doutrina/Doutrina-da-Atividade-de-Inteligencia-2023>. Acesso em: 25 mar. 2024.

CISA. Cybersecurity and Infrastructure Security Agency. **Tactics of Disinformation.** [2022?].

Disponível em: <https://www.cisa.gov/sites/default/files/publications/tactics-of-disinformation_508.pdf>. Acesso em: 25 mar. 2024.

CNJ. Conselho Nacional de Justiça. **Resolução n° 383, de 25 de março de 2021**. Cria o Sistema de Inteligência de Segurança Institucional do Poder Judiciário e dá outras providências. Disponível em: <https://atos.cnj.jus.br/files/original22430820210329606257fc252cc.pdf>. Acesso em: 25 mar. 2024.

DEEPE, Cristophe. Disinformation in cognitive warfare. Information Manipulation and Interference (FIMI), Hybrid threats. **The Defence Horizon.** 6 Outubro 2023. Disponível em: <https://tdhj.org/blog/post/disinformation-cognitive-warfare-hybrid/>. Acesso em: 25 mar. 2024.

KORYBKO, Andrew. **Guerras Híbridas:** das revoluções coloridas aos golpes. Tradução: Thyago Antunes. São Paulo: Expressão Popular, 2018.

NEWMAN, Hadley. Foreign information manipulation and interference defence standards: Test for rapid adoption of the common language and framework 'DISARM'. **Hybrid CoE Research Report 7.** Novembro 2022. Disponível em: <https://www.hybridcoe.fi/wp-content/uploads/2022/11/20221129_Hybrid_CoE_Research_Report_7_Disarm_WEB.pdf>. Acesso em: 22 mar. 2024.

WARDLE, Claire; DERAKHSHAN, Hossein. **Information Disorder:** Toward an interdisciplinary framework for research and policy making. Published by the Council of Europe, DGI(2017)09.

Disponível em: <https://rm.coe.int/information-disorder-toward-an-interdisciplinary-framework-for-researc/168076277c>. Acesso em: 24 mar. 2024.

WEF. Word Economic Forum. **The Global Risks Report 2024.** 19. ed., 10 Janeiro 2024. Disponível em: <https://www.weforum.org/publications/global-risks-report-2024/>. Acesso em: 25 mar. 2024.

(...) a Inteligência da Polícia Judicial, ao adotar práticas orientadas pela ciência de dados, emerge como uma linha de defesa fundamental para proteger os ativos institucionais do Poder Judiciário e a imagem do poder público brasileiro.

ANÁLISE ESPACIAL DA INCIDÊNCIA CRIMINAL: A CIÊNCIA DE DADOS APLICADA À ATIVIDADE DE INTELIGÊNCIA DA POLÍCIA JUDICIAL

LÉO DIMMY CHAAR CAJÚ

Mestre em Psicologia pela Universidade Federal do Mato Grosso do Sul (UFMS). Especialista em Direito e Processo do Trabalho pela UNAES/Anhanguera. MBA em *Data Science* e *Analytics* pela Universidade de São Paulo (USP/ESALQ). Bacharel em Direito pela UNAES/Anhanguera e licenciado em Filosofia pela Universidade Federal do Mato Grosso do Sul (UFMS). Agente da Polícia Judicial.

RESUMO

O texto discute a aplicação da ciência de dados à atividade de Inteligência da Polícia Judicial utilizando como estudo de caso a incidência criminal na cidade de Campo Grande, MS, entre janeiro de 2021 e abril de 2022 e destacando a frequência de diferentes tipos de crimes, a distribuição por dia da semana e horário. Os resultados indicam que o furto é o crime mais comum, seguido por roubo, tráfico de drogas, homicídio, sequestro e cárcere privado. A quarta-feira teve a maior incidência criminal, e o período entre 17h e 21h registrou o maior número de ocorrências. A ciência de dados mostra-se, portanto, fundamental para a coleta e análise de informações, identificação de ameaças e tomada de decisão baseada em dados, aspectos imprescindíveis para o trabalho das unidades de Inteligência da Polícia Judicial. De forma específica, a análise espacial dos dados criminais é essencial para orientar a segurança de magistrados durante seus deslocamentos terrestres. O estudo foi conduzido com base em dados oficiais e empregou técnicas de análise espacial e programação em R para identificar áreas de maior risco e fornecer insights valiosos para o planejamento de deslocamentos seguros.

Palavras-chave: Inteligência. Polícia Judicial. Segurança Institucional. Ciência de Dados.

1. INTRODUÇÃO

A contemporaneidade evidencia uma realidade em que o tempo se acelera, e novas tecnologias emergem a cada minuto. Nesse cenário dinâmico, o crime organizado também evolui, adotando novas formas de ameaça aos ativos do Poder Judiciário Brasileiro. Para combater essas ameaças, a Polícia Judicial se beneficia dos avanços tecnológicos proporcionados pelo aumento do conhecimento, compartilhamento de informações e aprimoramento profissional.

A segurança não é uma responsabilidade individual, mas sim uma rede colaborativa que envolve todos os jurisdicionados e os órgãos estatais, com atos e maneiras de agir da população como um todo. Da mesma forma, a visão de Inteligência da Polícia Judicial não deve ser limitada a uma instituição pontual; sua atuação deve ser guiada pela interoperabilidade, o processo de integração e colaboração com outros órgãos tende a aumentar sua eficiência.

Através da integração e da capacitação, a Polícia Judicial materializa a Atividade de Inteligência de Segurança Institucional, assegurando a independência dos órgãos judiciários. Ao proteger a integridade dos ativos institucionais, garante a invulnerabilidade dos magistrados, acusadores, defensores, servidores, partes, processos e da prestação jurisdicional como um todo.

No aspecto normativo, o Conselho Nacional de Justiça promoveu avanços significativos ao regulamentar a atividade da Polícia Judicial por meio de resoluções como a 291 (2019), que consolidou as diretrizes sobre a Política e o Sistema Nacional de Segurança do Poder Judiciário; a Resolução 344 (2020), que estabeleceu regras para o poder de polícia administrativa; e a Resolução 383 (2021), que criou o Sistema de Inteligência de Segurança Institucional do Poder Judiciário.

A Inteligência promovida no âmbito da Polícia Judicial dedica-se a uma atividade contínua e especializada, visando identificar, avaliar e monitorar ameaças presentes ou potenciais que possam afetar os ativos do Poder Judiciário. Seu enfoque central está na geração e preservação do conhecimento necessário para orientar as decisões no âmbito da segurança institucional.

Nesse contexto, a atividade de Inteligência tem fundamental importância na redução e controle de riscos, fornecendo informações cruciais que embasam as decisões das autoridades. A tomada de decisão fundamentada em dados (DOD) torna-se essencial para a eficácia das políticas organizacionais e gestão de riscos, substituindo as abordagens intuitivas pelas análises baseadas em dados.

Para a implementação da Inteligência na Polícia Judicial, é imperativo a adoção de um planejamento estratégico que priorize a otimização das operações, resultando em benefícios para a instituição. Isso inclui a gestão estratégica de pessoal, instalações, serviços terceirizados, aquisição de equipamentos e a administração de riscos no contexto da segurança institucional.

A crescente importância da ciência de dados é inquestionável, especialmente diante do aumento exponencial na disponibilidade de informações. Isso permite otimizar processos que costumavam ser demorados, melhorando a eficiência institucional da atividade de Inteligência. A ciência de dados desempenha um papel essencial na importação, depuração, organização, interpretação e visualização dos dados, possibilitando análises e interpretações de grande relevância para os tomadores de decisão.

Circunstancialmente, este trabalho tem por base o artigo intitulado Análise Espacial de Incidência Criminal: A ciência de dados aplicada na segurança de dignitários, do MBA em *data science* e *analytics* defendido pelo autor em 2022. O estudo demonstra a geração de conhecimento através da análise de riscos, a qual engloba a identificação, quantificação, análise e avaliação de ameaças, vulnerabilidades e impactos nos ativos do Poder Judiciário. Esse processo visa apresentar opções para a mitigação e controle desses riscos, especialmente no contexto da análise criminal, que se baseia na identificação de padrões de crimes e correlações nas tendências de violência e criminalidade. O propósito principal é fornecer suporte para o planejamento de recursos e estratégias, a partir de análises realizadas pelas Unidades de Inteligência da Polícia Judicial.

A investigação foca em delitos de homicídio, sequestro, roubo, furto e tráfico de drogas, abrangendo tanto as tentativas quanto as ocorrências consumadas no município de Campo Grande, Estado de Mato Grosso do Sul. O principal objetivo é aprimorar a segurança de dignitários durante seus deslocamentos terrestres a partir da geração e difusão de dados de Inteligência. O levantamento se baseia em fontes oficiais disponibilizadas por instituições públicas, a pesquisa emprega técnicas de análise espacial, marcando a inovação dessa abordagem na segurança de dignitários no contexto brasileiro.

A escolha do software de programação R se dá devido à sua ampla utilização e diversas vantagens, incluindo sua gratuidade, disponibilidade multiplataforma e conjunto de ferramentas abrangentes para a manipulação de dados, cálculos e criação de gráficos.

A seguir, será exposto em detalhes como a pesquisa foi conduzida, abrangendo aspectos como a amostra, o processo de amostragem, os métodos, técnicas, instrumentos e metodologia empregada na coleta e análise dos dados.

2. DESENVOLVIMENTO

A IMPORTÂNCIA DA CIÊNCIA DE DADOS NA ATIVIDADE DE INTELIGÊNCIA DA POLÍCIA JUDICIAL

A ciência de dados desempenha um papel crescente e fundamental na atividade de coleta de dados, produção de conhecimento e aprimoramento das operações de Inteligência na Polícia Judicial, dentre as quais se destacam:

1. Coleta e processamento de dados: A atividade de Inteligência depende da coleta e análise de grandes volumes de informações. A ciência de dados oferece ferramentas e técnicas avançadas para coletar, processar e armazenar dados de maneira eficiente e segura, tornando possível lidar com a crescente quantidade de informações disponíveis.
2. Análises avançadas: A ciência de dados permite a aplicação de técnicas avançadas de análise, como aprendizado de máquina e mineração de dados, para identificar padrões, tendências e correlações em grandes conjuntos de dados. Isso pode ajudar os analistas das unidades de Inteligência da Polícia Judicial a extrair informações valiosas de fontes variadas, fornecendo compreensões mais profundas e precisas.
3. Identificação de ameaças e detecção de anomalias: A análise de dados pode ser usada para identificar ameaças emergentes, detectar atividades suspeitas e destacar anomalias nos padrões de comportamento, o que é crucial para a segurança institucional e a prevenção de ameaças.
4. Tomada de decisão baseada em dados: A ciência de dados fornece às unidades de Inteligência da Polícia Judicial a capacidade de tomar decisões mais seguras, baseadas em evidências. Os modelos analíticos podem ser usados para avaliar cenários hipotéticos e simular resultados, ajudando a determinar as implicações de diferentes cursos de ação.

5. Inteligência cibernética: A ciência de dados desempenha um papel fundamental no âmbito da Inteligência cibernética, ajudando a monitorar e analisar atividades *online*, identificar vulnerabilidades de segurança e rastrear ameaças cibernéticas.
6. Melhoria da eficiência operacional: A automação e a análise de dados podem otimizar as operações de Inteligência, reduzindo o tempo necessário para coletar e processar informações e permitindo que os recursos sejam alocados de forma mais eficiente.
7. Inteligência de fontes abertas (OSINT): A ciência de dados desempenha um papel crucial na coleta, análise e monitoramento de informações obtidas em fontes abertas, como mídias sociais e notícias *online*, que são cada vez mais importantes para a atividade de Inteligência desenvolvida pela Polícia Judicial.
8. Previsão e antecipação: A análise preditiva baseada em dados pode ser usada para antecipar eventos futuros e ameaças, ajudando as unidades de Inteligência a se prepararem e a tomar medidas preventivas.

Essencialmente, a ciência de dados torna-se imprescindível para a fundamentação na produção de conhecimentos, no apoio a decisões com credibilidade e economia de meios, diagnóstico de eventos relevantes, proteção de dados sensíveis e prevenção de ações adversas contra ativos institucionais do Poder Judiciário. Este ramo do saber científico é uma ferramenta poderosa que pode capacitar nossas unidades de Inteligência a extrair *insights* valiosos de grandes volumes de informações, melhorando a precisão, a eficiência e a eficácia de suas operações, em todos os níveis do processo decisório: político, estratégico, tático ou operacional. Posteriormente, descrever-se-á como é possível realizar este trabalho.

MATERIAL E MÉTODOS

Para garantir a segurança de magistrados durante seus deslocamentos terrestres, foram solicitados dados oficiais que continham informações sobre índices criminais de homicídio, sequestro, roubo, furto e tráfico de drogas ocorridos entre janeiro de 2021 e abril de 2022 com as variáveis mês, dia, hora e bairros da cidade de Campo Grande/MS. Para outra instituição foi requerido dados vetorizados dos bairros da cidade, já que não havia disponibilização pública de arquivos com esta subdivisão.

Após receber os dados, o pesquisador manteve as informações confidenciais devido à sua sensibilidade para as instituições estatais. Apenas os resultados da análise espacial concernentes à criminalidade nos bairros campo-grandenses seriam compartilhados, enfocando áreas de risco para orientar a segurança de magistrados, por exemplo, na realização de inspeções judiciais. Isso ressalta a importância da atividade de Inteligência da Polícia Judicial, que busca soluções simples enquanto protege a confidencialidade das fontes.

Os dados foram importados para o software R, onde passaram por etapas de pré-processamento, limpeza e transformação. As informações sobre crimes foram consolidadas em um único conjunto de dados, distinguindo entre tentativas e ocorrências consumadas com 6 (seis) variáveis (crime, mês, dia do mês, dia da semana, hora e bairro) e 9.600 (nove mil e seiscentas) observações (registros criminais).

Posteriormente, os dados geoespaciais dos bairros de Campo Grande foram integrados ao software R, combinando informações sobre crimes com as subdivisões geográficas dos 296 bairros. A análise espacial foi conduzida utilizando técnicas de geoestatística e programação em R. O estudo envolveu a criação de mapas de calor, a identificação de padrões de crimes e a elaboração de relatórios que destacaram as áreas de maior risco. Essas análises forneceram observações valiosas para planejar deslocamentos seguros de magistrados em vias terrestres, baseando-se em indicadores criminais.

RESULTADOS

Apesar da reputação de ser uma cidade tranquila, Campo Grande é uma capital com seus desafios de criminalidade. As estatísticas oficiais revelam que a criminalidade está concentrada na região central, enquanto bairros mais afastados lideram em crimes específicos. A análise mensal, baseada em registros de homicídios, roubos, furtos, sequestros, cárcere privado e tráfico de drogas, entre janeiro de 2021 e abril de 2022, mostra uma leve tendência de aumento na incidência criminal. Das 9.600 ocorrências analisadas, maio de 2021 teve o menor número, com 519 registros, enquanto abril de 2022 teve o maior, com 719, representando uma variação de 27,81% entre esses dois períodos.

Figura 1: Evolução criminal entre os meses de janeiro de 2021 e abril de 2022 na cidade de Campo Grande, MS

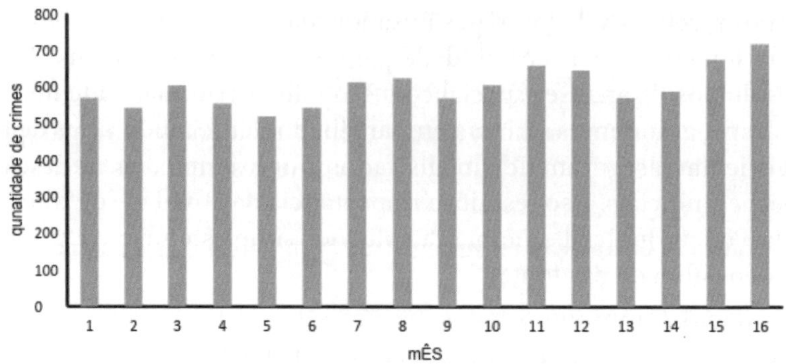

Fonte: Resultados originais da pesquisa

O crime mais comum, conforme indicado na Figura 2, entre os analisados, é o furto, com uma frequência de 67,52%, seguido por roubo, que representa 23,77%. O tráfico de drogas corresponde a 6,21%, enquanto o homicídio representa 2,27%. Por outro lado, sequestro e cárcere privado, representam apenas 0,23% das ocorrências. A taxa de furto durante o período é de 707,64 por cada 100.000 habitantes.

Figura 2: Registros de crimes entre os meses de janeiro de 2021 e abril de 2022 na cidade de Campo Grande, MS

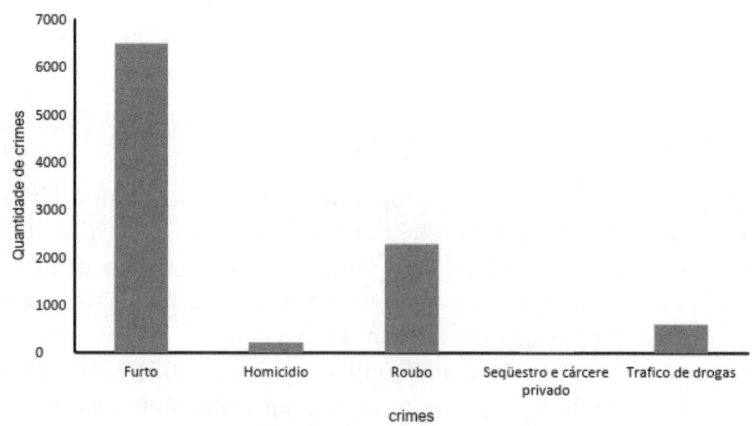

Fonte: Resultados originais da pesquisa

A quarta-feira apresentou a maior incidência criminal, com 1.500 ocorrências, enquanto o sábado registrou os índices mais baixos, com 1.233 casos, como evidenciado na Figura 3. Durante os dias úteis, de segunda a sexta-feira, a diferença no número de crimes entre o dia mais violento, quarta-feira, com 15,63% dos casos, e o dia menos violento, terça-feira, com 14,77%, foi de apenas 82 registros.

Nos fins de semana, houve uma menor incidência criminal, possivelmente devido ao fato de sábados e domingos serem dias de descanso.

Figura 3: Correlação entre registros criminais e dias da semana

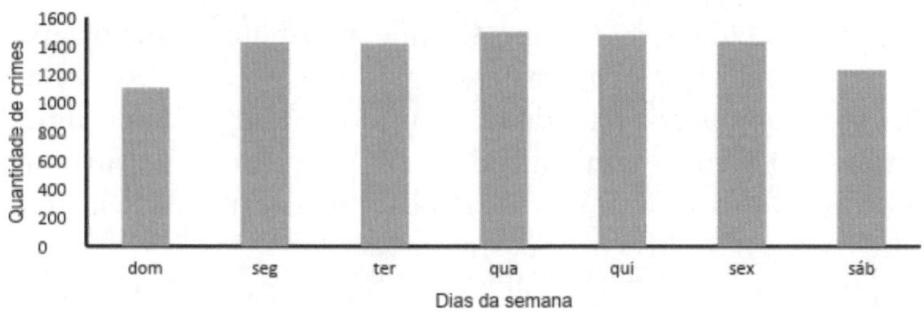

Fonte: Resultados originais da pesquisa

Na Figura 4, é possível observar a distribuição dos crimes por horário. Um total de 28,53% dos crimes ocorreu entre as 17h e 21h, período em que as pessoas geralmente estavam retornando do trabalho para suas casas. O pico de ocorrências foi às 20h, com 567 registros, representando 5,91% do total. Às 3h da madrugada, esse número diminui para 249, equivalendo a 2,59% das ocorrências, pouco mais da metade do pico.

Quando se trata apenas de furtos e roubos, o momento de maior incidência foi às 17h, com 360 das 6.482 ocorrências totais de furtos, seguido pelas 18h, com 293 registros, e às 8h, com 344. Isso reforça a tendência de que esses crimes ocorrem nos horários em que as pessoas estão se deslocando entre a casa e o trabalho, e vice-versa.

Figura 4: Correlação entre registros criminais por horário

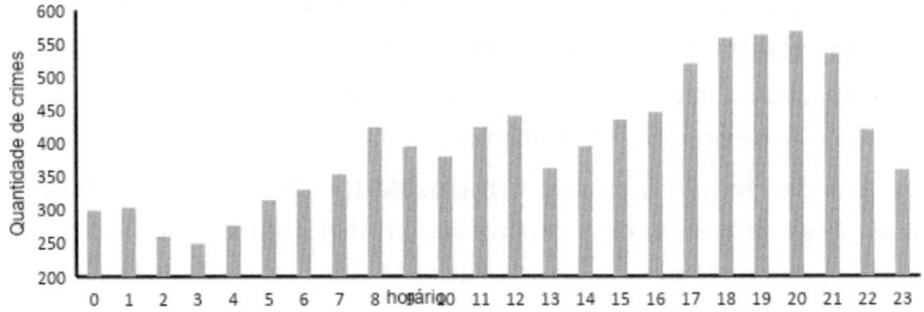

FONTE: Resultados originais da pesquisa

O centro da cidade de Campo Grande apresentou a maior taxa criminal, totalizando 809 ocorrências, seguido pelo bairro Aero Rancho, um dos mais populosos da cidade, com 331 registros, como mostrado na Figura 5. O Centro também lidera em ocorrências de furto, roubo e homicídio. No caso do tráfico de drogas, essa região fica em segundo lugar, logo após o bairro vizinho, Amambaí.

Aero Rancho e Jardim Vida Nova, ambos com apenas duas amostras cada, registraram mais casos de sequestro e cárcere privado. Além disso, Aero Rancho é o único bairro que aparece entre os quatro primeiros em relação à maior incidência nos crimes estudados. Portanto, quando se trata da segurança de magistrados, é um bairro que deve ser evitado.

Figura 5: Incidência criminal com base nos bairros que possuíam mais de 100 registros de crimes no período estudado

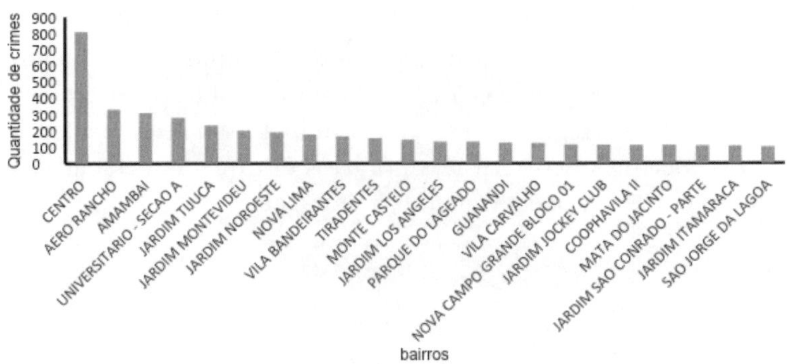

FONTE: Resultados originais da pesquisa

Os dados analisados resultaram no mapa coroplético, que utiliza variações de cores ou padrões para representar a distribuição de dados ou de um fenômeno, da incidência criminal em Campo Grande durante os meses de janeiro de 2021 a abril de 2022, abrangendo os 294 bairros estudados devido à presença de registros dos crimes mencionados anteriormente, representado na Figura 6.

Para fins de análise, foram utilizados dados de segunda a sexta-feira, e horários específicos, sendo um mapa às 8h (Figura 7) e outro às 17h (Figura 8). Esses horários foram escolhidos para representar os períodos em que o magistrado se deslocaria de casa para o trabalho de manhã e do trabalho para casa à tarde.

As áreas foram representadas por diferentes tonalidades, onde quanto mais clara a cor, maior é a incidência criminal; enquanto os não demarcados não estão listados no cadastro da prefeitura como bairros.

Concernente a todo período estudado, a Figura 6 mostra que o Centro se destaca com a tonalidade mais clara, indicando um total de 809 ocorrências, mantendo-se como a localidade com maior incidência criminal nos dois mapas seguintes, relacionados aos estudos de caso sobre a aplicação prática do mapa coroplético na tomada de decisões de segurança institucional no que tange ao deslocamentos de magistrados por vias terrestres.

Figura 6: Mapa coroplético da incidência criminal na cidade de Campo Grande, MS

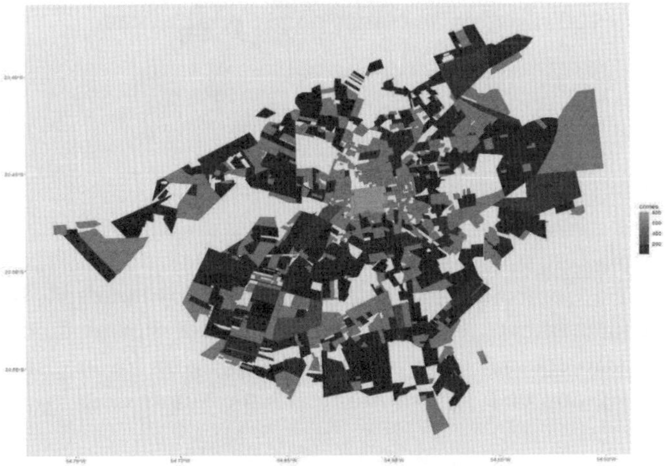

FONTE: Resultados originais da pesquisa

Na determinação de rotas durante o deslocamento de casa para o trabalho, às 8h de segunda à sexta-feira (Figura 7), os bairros destacados nas diversas tonalidades mais claras devem ser evitados, em especial o Centro, por possuir a maior incidência criminal com 35 crimes registrados, assim como o Aero Rancho, com 15, e o Amambaí, com 14. Sendo assim, os melhores trajetos neste horário, com base no índice de criminalidade, devem se dar pelos bairros em cinza.

Figura 7: Mapa coroplético da incidência criminal na cidade de Campo Grande, MS, de segunda a sexta-feira às 8h

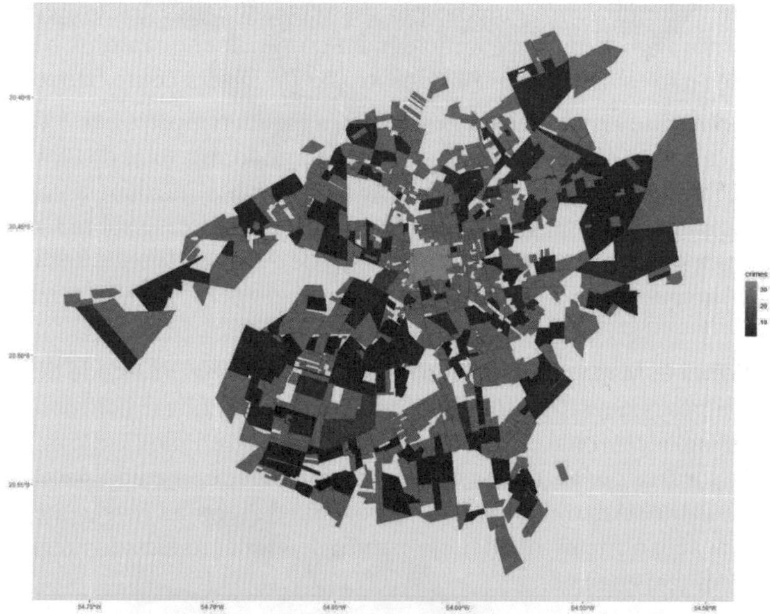

Fonte: Resultados originais da pesquisa

Da mesma forma que às 8h, ao retornar para casa às 17h, é aconselhável evitar o Centro, assim como as outras áreas marcadas na Figura 8. Surpreendentemente, o Aero Rancho, que anteriormente ocupava a décima posição como o bairro mais violento, agora foi substituído pelo Amambaí, seguido pelo Jardim Montevidéu e Monte Castelo.

Figura 8: Mapa coroplético da incidência criminal na cidade de Campo Grande, MS de segunda a sexta-feira às 17h

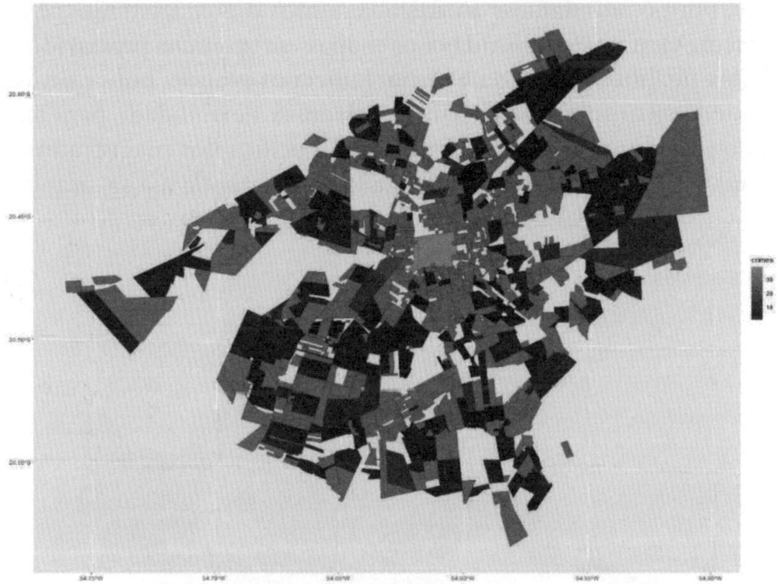

FONTE: Resultados originais da pesquisa

Com base na análise dos dados, é possível identificar padrões claros de incidência criminal em Campo Grande. Os resultados indicam que o Centro é a área com a maior taxa de criminalidade, seguido pelo bairro Aero Rancho e Amambaí. A análise por dias da semana revela que quartas-feiras têm a maior incidência criminal, enquanto sábados registram os índices mais baixos.

O mapa coroplético fornece uma representação visual eficaz das áreas mais perigosas que devem ser evitadas durante os deslocamentos dos dignitários. Os bairros em cinza indicam regiões com menor ou nenhuma incidência criminal, sendo opções mais seguras para circular.

Quando se considera o horário, tanto às 8h quanto às 17h, é aconselhável evitar o Centro e outras áreas destacadas nos mapas respectivos. Notavelmente, o Aero Rancho, anteriormente entre os bairros mais perigosos, foi substituído pelo Amambaí no período das 17h.

Para atividades jurisdicionais externas, como a realização de inspeções judiciais, os parâmetros podem ser ajustados para refletir horários, locais e frequência. No entanto, é importante observar que a análise se concentrou principalmente na incidência criminal e não contemplou fatores como tráfego ou condições meteorológicas, que podem ser considerados em estudos complementares.

Em resumo, ao planejar os deslocamentos dos magistrados, é recomendável evitar áreas marcadas nos mapas coropléticos produzidos por unidades de Inteligência da Polícia Judicial, optando por trajetos em bairros com menor risco de criminalidade. A flexibilidade para ajustar os parâmetros conforme a necessidade específica dos magistrados proporciona uma abordagem personalizada para garantir sua segurança durante as atividades cotidianas.

3. CONSIDERAÇÕES FINAIS

O estudo sobre a incidência criminal em Campo Grande, MS, oferece conclusões cruciais para a segurança dos magistrados durante seus deslocamentos terrestres. A era atual é marcada por um ritmo acelerado, não apenas no avanço tecnológico, mas também na sofisticação do crime organizado, demandando respostas proativas e eficazes das forças de segurança. Nesse contexto, a Inteligência da Polícia Judicial, ao adotar práticas orientadas pela ciência de dados, emerge como uma linha de defesa fundamental para proteger os ativos institucionais do Poder Judiciário e a imagem do poder público brasileiro.

Os resultados da análise espacial indicaram áreas de maior concentração de crimes em Campo Grande/MS. Essas áreas foram identificadas como potencialmente mais arriscadas para a segurança de magistrados durante seus deslocamentos terrestres. Os principais resultados incluem:

1. Identificação de Áreas de Alto Risco: O mapa coroplético revelou áreas de alto risco, destacando os bairros com maior incidência de crimes, como homicídios, roubos e tráfico de drogas. Isso permitiu que se decidisse quais rotas tomar com mais segurança, podendo também direcionar para maior concentração de esforços em segurança nessas regiões.
2. Clusters (agrupamentos) de Crimes: A análise de *clusters* identificou padrões de crimes agrupados em certas áreas da cidade. Isso ajudou a direcionar recursos de segurança para esses *clusters* específicos, visando a redução da vulnerabilidade nos deslocamentos, podendo ser utilizado no planejamento da segurança institucional.
3. Horários de Maior Risco: A análise temporal revelou os horários do dia em que ocorrem mais crimes. Isso permitiu a programação de deslocamentos terrestres de magistrados em horários mais seguros.
4. Medidas Preventivas: Com base nos resultados, foram propostas medidas preventivas específicas para aumentar a segurança de magistrados durante seus deslocamentos terrestres, como o reforço policial em áreas de alto risco e a implementação de patrulhas ao redor das edificações em horários críticos.

Assim, o estudo revelou claramente que o Centro de Campo Grande é a área mais propensa a atividades criminosas, seguido pelo Aero Rancho e pelo Amambaí. Quartas-feiras são os dias mais perigosos, enquanto sábados têm menor incidência criminal. Além disso, os horários de pico para crimes ocorrem entre 17h e 21h, quando as pessoas estão a caminho de casa após o trabalho.

A aplicação da ciência de dados na análise dos padrões criminais possibilitou a criação de mapas coropléticos, oferecendo uma visão acessível das áreas de alto risco, essenciais para orientar a segurança dos dignitários. A flexibilidade dessa abordagem, permitindo ajustes de acordo com as necessidades específicas das autoridades, oferece uma solução personalizada para garantir sua segurança durante a execução de atividades externas.

No entanto, é importante notar que esta análise tem suas limitações. Não levou em consideração fatores como tráfego ou condições meteorológicas, que podem influenciar os deslocamentos. Além disso, a análise foi centrada na incidência criminal; outras variáveis relevantes poderiam ser incorporadas em estudos complementares para uma compreensão mais abrangente do cenário de segurança.

No contexto mais amplo, este estudo reforça a importância da produção de conhecimentos de Inteligência pela Polícia Judicial, a aplicação de técnicas avançadas de análise de dados e a flexibilidade para adaptações conforme as circunstâncias evoluem. A segurança institucional é uma tarefa que requer abordagem multifacetada, integrando dados, tecnologia e expertise humana.

À medida que a sociedade avança, o crime se adapta e evolui. Portanto, a resposta das forças de segurança deve ser ágil, oportuna e estratégica. O presente estudo oferece uma visão que deve ser aplicada desde já pelas Unidades de Inteligência da Polícia Judicial, porque fundamenta a segurança como um todo, onde os recursos tecnológicos, a análise de dados e a metodologia de Inteligência se tornam pilares essenciais para garantir um ambiente seguro para os ativos institucionais do Poder Judiciário, incluindo os seus magistrados, que desempenham papel crucial no sistema judicial brasileiro.

Em última análise, a segurança é um bem inestimável e, por meio de metodologias como a que foi apresentada neste artigo, a Inteligência da Polícia Judicial pode avançar na compreensão dos padrões criminais e, assim, criar estratégias mais eficazes para proteger os seus ativos contra a ação de eventos adversos. Para que a segurança dos ativos institucionais possa ir além da dissuasão proporcionada pelas forças de segurança tradicionais, é imprescindível que a Inteligência da Polícia Judicial produza conhecimentos que subsidiem a análise de risco, o gerenciamento de crises e os procedimentos operacionais da segurança institucional.

4. REFERÊNCIAS

CONSELHO NACIONAL DE JUSTIÇA. **Resolução n. 291**, de 23 de agosto de 2019. Brasília, DF. Disponível em: https://atos.cnj.jus.br/files/compilado1921532021070160de15d1ad23b.pdf. Acesso em: 3 out. 2023.

____. **Resolução n. 344**, de 9 de setembro de 2020. Brasília, DF. Disponível em: https://atos.cnj.jus.br/files/compilado2102562021102561771b809cf8b.pdf. Acesso em: 3 out. 2023.

____. **Resolução n. 383**, de 25 de março de 2021. Brasília, DF. Disponível em: https://atos.cnj.jus.br/atos/detalhar/3829. Acesso em: 3 out. 2023.

A atividade de Inteligência é imprescindível para uma Polícia Judicial atuante, tanto no cuidado com os ativos institucionais que compõem a segurança orgânica, quanto na proteção de autoridades judiciais.

IMPRESCINDIBILIDADE DA ATIVIDADE DE INTELIGÊNCIA DA POLÍCIA JUDICIAL PARA A GARANTIA DOS PRECEITOS CONSTITUCIONAIS DE INDEPENDÊNCIA E AUTONOMIA DO PODER JUDICIÁRIO

NELSON CALVET RABELO

Pós-graduado em Inteligência Policial e em Direito Penal e Direito Processual Penal pela Faculdade UNYLEYA/RJ. Bacharel em Direito pelo UNICEUB/DF. Professor da Escola de Formação Judiciária Ministro Luiz Vicente Cernicchiaro. Agente da Polícia Judicial. Analista de Inteligência do Núcleo de Inteligência do TJDFT.

RESUMO

O estudo identifica necessidades de emprego da Inteligência, no âmbito da segurança institucional do Poder Judiciário. Demonstra a imprescindibilidade da atividade de Inteligência desenvolvida pela Polícia Judicial, que se caracteriza pela produção de conhecimentos para o assessoramento do processo decisório, como instrumento essencial para a atuação da segurança institucional, especialmente como mecanismo de garantia dos preceitos constitucionais de independência e autonomia do Poder Judiciário, visando ao resguardo dos magistrados, para que exerçam sua função de dizer o Direito com plena liberdade de convicção, assim como à proteção dos demais ativos institucionais. Fez-se uso do método dedutivo e, como técnica de pesquisa, consultas a fontes legais e bibliográficas referentes ao tema.

Palavras-chave: Polícia Judicial. Inteligência. Autonomia. Independência.

1. INTRODUÇÃO

O presente ensaio tem por escopo apresentar, de forma crítica e reflexiva, a importância da atividade de Inteligência da Polícia Judicial, como ferramenta imprescindível ao fortalecimento da segurança institucional do Poder Judiciário, sobretudo para robustecer seus preceitos constitucionais de independência e autonomia, a fim de que se garanta efetividade à prestação jurisdicional.

O objetivo é demonstrar a atividade de Inteligência como meio de se produzir conhecimentos, para subsidiar o tomador de decisão, seja em sede de segurança orgânica, seja na operacionalização da proteção de magistrados. O estudo, de igual modo, busca fomentar a cultura de Contrainteligência, em todos os patamares de hierarquia dos órgãos judiciários, almejando-se resguardar os ativos institucionais.

Nas argumentações, fez-se uso do método dedutivo, na atual perspectiva da segurança institucional do Poder Judiciário, considerando-se a criação da Polícia Judicial pelo Conselho Nacional de Justiça.

Para exposição do conteúdo e consequente conclusão, foram utilizadas técnicas de pesquisa, baseadas em consultas a fontes legais e bibliográficas, todas concernentes ao tema ora em comento, como a própria *lex magna*, diplomas legais infraconstitucionais, doutrinas jurídicas, doutrinas e obras literárias de Inteligência, Resoluções e Atos Normativos. Adotou-se, igualmente, a percepção da realidade da atividade jurisdicional, sob a ótica das unidades de Inteligência de segurança institucional do Poder Judiciário.

2. INDEPENDÊNCIA E AUTONOMIA DO PODER JUDICIÁRIO

É inconcebível, num Estado Democrático de Direito, a ideia do poder judicante, cuja função, segundo a Teoria da Tripartição dos Poderes de *Montesquieu*, é dirimir os conflitos entre os membros de uma sociedade, mediante a aplicação da lei ao caso concreto, não ser dotado de independência e autonomia. Conferidos ao Poder Judiciário pelo constituinte de 1988, são princípios que guardam relação direta entre si, uma vez que se torna impossível haver independência sem autonomia administrativa e, especialmente, orçamentária. Se o Poder Judiciário não dispusesse da autonomia prevista no *caput* do art. 99 da Constituição Federal, a independência explicitada no art. 2º seria meramente figurativa, tornando-o subserviente aos outros poderes, o que o limitaria sobremaneira e inviabilizaria uma prestação jurisdicional equânime e isenta.

Analisando-se tão vasta temática, ainda que de forma sucinta, pode-se afirmar que tais preceitos são indispensáveis à atividade jurisdicional, como pilares das prerrogativas concedidas à magistratura, dispostas no art. 95, porquanto pressupõe-se que, para decidir com liberdade de convicção, a autoridade judicial deve estar devidamente amparada na independência, submetendo-se tão somente à lei, com vistas a que promova uma justiça igualitária e garantidora dos direitos fundamentais.

Nessa seara, traz-se à baila a visão do respeitável constitucionalista Pedro Lenza:

> As garantias atribuídas ao Judiciário assumem importantíssimo papel no cenário da Tripartição dos Poderes, assegurando a independência desse órgão, que poderá decidir livremente, sem se abalar com qualquer tipo de pressão que venha dos outros poderes. (LENZA, 2022, p. 816)

Corroborando, nesse sentido, destaca-se outro notável posicionamento doutrinário:

> (...) o conjunto de garantias de magistratura feita, em primeira linha, a assegurar a independência e imparcialidade dos órgãos judiciais. Nesse ponto, resulta-se que, no Estado Democrático de Direito, a independência judicial é mais importante para a eficácia dos direitos fundamentais do que o próprio catálogo de direitos contido nas constituições. Assim é que, no intuito de garantir, os direitos e ordenamentos constitucionais contêm normas que asseguram e disciplinam o pleno exercício da magistratura. (CANOTILHO, MENDES, SARLET e STRECK, 2018, p. 1265)

No mesmo entendimento, relevam-se as sábias palavras da Excelentíssima Juíza de Direito do TJDFT, Dra. Oriana Piske:

> Os pressupostos constitucionais da independência dos juízes, em termos da Constituição, estão assentados na independência funcional, política, orgânica, na inamovibilidade, na responsabilidade e na imparcialidade. Com efeito, a essência da independência e da legitimação democrática da atividade judicial está na sujeição do juiz à Constituição e no seu papel de "garante" dos direitos fundamentais. (PINTO, TJDFT, 2008)

Por fim, não se poderia omitir a brilhante explicação dada pela renomadíssima processualista Ada Pelegrini, no que tange à independência do Poder Judiciário, materializada na liberdade de concepção do magistrado: "... *o juiz subordina-se somente à lei, sendo inteiramente livre na formação de seu convencimento e na observância dos ditames de sua consciência*." (GRINOVER, 2023, p. 162)

3. US MARSHALS – A POLÍCIA DO PODER JUDICIÁRIO NORTE-AMERICANO

A Polícia do Poder Judiciário dos Estados Unidos da América, embora oficialmente instituída no ano de 1969, já existia desde o século 18. Os *US MARSHALS* são providos de atribuições correspondentes às dos Oficiais de Justiça e dos Delegados de Polícia no Brasil, visto que cumprem Mandados de Prisão e investigam crimes que visam à captura de foragidos federais. Concomitantemente, dispõem de consagrado serviço de Inteligência, são responsáveis pela condução de presos e pela segurança interna dos fóruns e de suas imediações.

Trata-se de polícia, em nível federal, detentora de respeitável reconhecimento perante as forças de segurança norte-americanas e pela comunidade estadunidense, como um todo, tida por braço fiscalizador dos tribunais federais dos Estados Unidos.

Ora, depreende-se que, para se garantir concretude à atividade jurisdicional, diante de um país considerado a maior potência militar e econômica mundial, que recebe imigrantes de todas as nações, e cujo ordenamento jurídico se caracteriza pelo rigor punitivo de suas leis, em especial, as penais, é inimaginável o Poder Judiciário americano não dispor de força policial própria e legalmente respaldada, que dê substancial suporte às suas decisões, ordens judiciais e proteção às autoridades e instalações.

4. CRIAÇÃO DA POLÍCIA JUDICIAL NO BRASIL

A antiga Segurança Judiciária, precursora da Polícia Judicial, sempre desenvolveu atividades de natureza policial, quais sejam: proteção de autoridades judiciais; segurança de audiências em primeiro grau de jurisdição, com ênfase nas realizadas pelos juízos criminais e de entorpecentes; segurança de sessões no plenário do Tribunal do Júri, bem como nas de instâncias superiores; cumprimento de Mandados de Prisão, encaminhando os detidos à Polícia Judiciária; prisões em flagrante no interior dos órgãos que compõem o Poder Judiciário; resguardo de testemunhas sigilosas; ronda motorizada nas cercanias dos prédios; agentes caracterizados e posicionados em pontos estratégicos, a fim de se proporcionar ostensividade inibidora de condutas adversas; dentre outras medidas para a segurança institucional, em geral. Além disso, algumas das cortes de justiça do país possuíam unidades de Inteligência, umas compostas pelos próprios Agentes de Segurança Judiciária, outras por membros de forças externas, como a Polícia Militar.

Importante pontuar que, a depender da natureza jurisdicional prestada, como a das justiças especiais - Eleitoral, Militar e Trabalhista -, as respectivas Seguranças Judiciárias não realizavam todas as atividades supramencionadas, pois algumas delas, por razões de competência jurisdicional, são próprias da justiça comum - Federal e Estadual -, como as relativas às causas penais, de entorpecentes e de crimes dolosos contra a vida (Tribunal do Júri).

Inobstante sempre ter procurado executar com maestria suas atribuições, imbuída de esforços e constante busca por capacitação e aperfeiçoamento, a então Segurança Judiciária era dotada de notória limitação de atuação, em diversas frentes, uma vez que não dispunha do Poder de Polícia Administrativa, fator preponderante para aqueles que têm o dever de preservar a ordem, em sede do poder que tem a função precípua de aplicar as leis oriundas do Legislativo.

Em meados do ano de 2020, os poderes da República Federativa do Brasil já possuíam suas próprias polícias, à exceção do Poder Judiciário, que, em situações extremas, por vezes dependia das forças de segurança dos outros poderes, frente às ameaças concretas e abstratas, inerentes a quem tem o poder de julgamento.

Até que, em 9 de setembro daquele ano, no auge de uma opressora pandemia, trazida por um vírus, até então pouco conhecido, o SARS-CoV-2, o Conselho Nacional de Justiça, cumprindo sua missão constitucional de zelar pela autonomia do Poder Judiciário, prevista no art. 103-B, § 4º, da Constituição Federal, visando, ainda, ao fortalecimento de sua segurança institucional, para assegurar a independência dos órgãos judiciários, instituiu a Polícia Judicial, por meio da Resolução CNJ 344/2020.

Além da previsão de autonomia administrativa inserida na Carta Magna, que embasou a inequívoca decisão do egrégio colegiado, viu-se, naquele período, um forte ataque ao Poder Judiciário, tanto em nível federal, como estadual, no sentido de abalar sua credibilidade e reputação perante a opinião pública, não restando alternativa diversa, a não ser dar corpo à sua segurança institucional e criar, assim como no Poder Executivo e no Poder Legislativo - em nome, até mesmo, da harmonia, como corolário da equiparidade entre os poderes, preconizada no art. 2º da Constituição Federal -, sua própria força policial, outorgando o Poder de Polícia Administrativa aos presidentes dos tribunais, magistrados, inspetores e agentes da Polícia Judicial, incluindo a atividade de Inteligência e a possibilidade de instauração de Procedimentos Apuratórios Preliminares, em caso de delitos ocorridos nas dependências dos órgãos judiciários.

Consoante o disposto no *caput* do art. 2º da Resolução CNJ 344/2020, os Procedimentos Apuratórios Preliminares poderão ser instaurados pelo presidente do tribunal ou por delegação deste a outra autoridade competente. Ponto digno de destaque é a previsão exarada no parágrafo 2º do aludido artigo, no qual a autoridade que os preside poderá "*determinar aos agentes e inspetores da Polícia Judicial a realização de diligências de caráter assecuratório, que se entendam essenciais*", o que demandará exaustivo treinamento e consciência dos limites legais dos policiais judiciais, dado que, por se tratar de medida de apuração de infrações penais, não se poderá confundi-la com o Inquérito Policial - peça pré-processual, de cunho administrativo, para a formação da *opinio delicti* do titular de uma ação penal -, produzido pela Polícia Judiciária, a saber: as Polícias Civis (distrital e estaduais) e a Polícia Federal (União). Convém salientar que a Polícia Legislativa, semelhantemente, possui atribuição de instaurar Inquérito Policial, para investigação de crimes e contravenções, cometidos nos domínios do Poder Legislativo.

Necessário, por derradeiro, esclarecer que a Polícia Judicial não se imiscui com as forças de segurança pública, cujas funções são definidas no artigo 144 da CF. Diferentemente, consubstancia-se como força de segurança do Estado, seguindo os moldes de Polícia Administrativa Institucional, com atribuições e área de atuação limitadas às competências do respectivo Poder da República que representa, como a Polícia Legislativa.

5. PREVISÃO DA ATIVIDADE DE INTELIGÊNCIA NA POLÍCIA JUDICIAL

Preliminarmente, vale ressaltar que nações de primeiro mundo, em que o regime democrático está concretizado, possuem qualificados serviços de Inteligência. Isso significa dizer que a atividade se constitui como um dos fatores primordiais para a manutenção e desenvolvimento de um Estado Democrático de Direito.

Como em toda força policial, seja de segurança pública ou de segurança institucional – caso da Polícia Judicial –, nesta não poderia inexistir a atividade de Inteligência, como efetivo instrumento de defesa, uma vez que, dado seu caráter de produção de conhecimento, de forma antecipativa, torna-se crucial para embasar o decisor, tanto na esfera estratégica, como na tática e na operacional.

O Ato Regulamentar que criou a Polícia Judicial, Resolução CNJ 344/2020, dispôs, em seu art. 7º, *caput* e parágrafo único, sobre a atividade de Inteligência e seu conceito, *verbis*:

> Art. 7º A polícia judicial deve prover meios de inteligência necessários a garantir aos magistrados e servidores da Justiça o pleno exercício das suas atribuições.
>
> Parágrafo único. Entende-se por atividade de inteligência o exercício permanente e sistemático de ações especializadas para identificar, avaliar e acompanhar ameaças reais ou potenciais aos ativos do Poder Judiciário, orientadas para a produção e salvaguarda de conhecimentos necessários ao processo decisório no âmbito da segurança institucional.

Reforça-se que, no artigo 4º, inciso XVI, como parte das atribuições dos agentes e inspetores da Polícia Judicial, estabeleceu-se a atividade de Inteligência, nos seguintes termos:

> Art. 4º São atribuições dos agentes e inspetores da Polícia udicial, assegurado o poder de polícia:
>
> [...]

> XVI - realizar atividades de inteligência na produção do conhecimento para a segurança orgânica e institucional do tribunal com objetivo de mitigar e controlar riscos, observada a regulamentação interna do tribunal.

Sacramentada, portanto, a instauração da atividade de Inteligência no seio da Polícia Judicial, fazia-se necessária a edição de Doutrina de Inteligência própria e de Sistema de Inteligência exclusivo do Poder Judiciário, no mesmo padrão do SISBIN – Sistema Brasileiro de Inteligência –, composto por órgãos do Poder Executivo.

6. DOUTRINA DE INTELIGÊNCIA DE SEGURANÇA INSTITUCIONAL DO PODER JUDICIÁRIO (DINSIPJ) E SISTEMA DE INTELIGÊNCIA DE SEGURANÇA INSTITUCIONAL DO PODER JUDICIÁRIO (SINSIPJ)

Anteriormente à criação da Polícia Judicial, as unidades de Inteligência dos órgãos do Poder Judiciário se utilizavam, subsidiariamente, de outras Doutrinas de Inteligência, tais como: Doutrina Nacional de Inteligência, Doutrina Nacional de Inteligência de Segurança Pública e Doutrina de Inteligência de Segurança Pública do Estado do Rio de Janeiro, dentre outras.

Embora sejam respeitáveis diretrizes na atividade de Inteligência, as quais, inclusive, serviram de base para doutrinas posteriores, não se adequavam, por completo, às peculiaridades do Poder Judiciário, no que diz respeito à segurança institucional. Diante disso, pela edição da Resolução CNJ 447/2022, foi instituída a Doutrina Nacional de Inteligência de Segurança Institucional do Poder Judiciário, com características próprias, objetivando se adequar às suas exigências e especificidades.

Anteriormente à própria doutrina, o Conselho Nacional de Justiça, por intermédio da Resolução CNJ 383/2021, já havia criado o Sistema de Inteligência de Segurança Institucional do Poder Judiciário, como forma de integrar as unidades de Inteligência dos órgãos que o compõem, a fim de operacionalizar o compartilhamento de dados e conhecimentos sensíveis, respeitados aqueles submetidos a sigilo processual, assim determinado por autoridade judicial.

7. A ATIVIDADE DE INTELIGÊNCIA DA POLÍCIA JUDICIAL NA SEGURANÇA ORGÂNICA E NA PROTEÇÃO DOS MAGISTRADOS PARA GARANTIA DA INDEPENDÊNCIA E AUTONOMIA DO PODER JUDICIÁRIO

Como se viu, o texto constitucional contemplou o Poder Judiciário com as premissas de independência e autonomia. Defende-se, neste breve estudo, que, para se assegurar concretamente tais princípios ao Poder da República responsável por solucionar litígios inerentes ao ser humano quando em coletividade, é imperioso propiciar-lhe uma segurança institucional consolidada.

Numa lide – conflito de interesses, qualificado por pretensão resistida –, onde uma das partes certamente sairá descontente, o magistrado deve ter garantido seu livre convencimento para o deslinde da questão, exercendo sua função jurisdicional, aplicando o direito material ao fato *sub examine*. Para tanto, questiona-se: Como salvaguardar a liberdade de convicção da autoridade judicial, sem que sua decisão lhe acarrete prejuízos de ordens diversas, sobretudo na integridade física própria e de seus familiares? Como conferir-lhe a segurança necessária, para que decida com imparcialidade, livre de temores ou pressões externas? São momentos prévios e cruciais para um veredicto justo, neutro e desprovido de eventuais vícios. E posteriormente? Como proporcionar proteção à sua pessoa após ter decidido? Não somente isso. Mas, a depender do órgão do Poder Judiciário a que pertença ou da competência jurisdicional do juízo em que atua, como possibilitar segurança pessoal para o exercício de sua função, perante a constante ameaça abstrata, ou mesmo de pontuais ameaças concretas, típicas de quem tem o poder de decidir?

Em uma análise abrupta, a resposta mais comum seria: "*Apenas encham os tribunais de policiais judiciais e façam a escolta dos magistrados!*". Todavia, a solução não parece tão simples, em razão de fatores que não podem ser olvidados na segurança dos tribunais, mormente na proteção de autoridades, conforme será visto a seguir.

A atividade de Inteligência produz conhecimentos, com o fito de assessorar o processo decisório. Aliada à produção desses conhecimentos, vem uma série de medidas que servem para protegê-los: a Contrainteligência – outro ramo da atividade, de acordo com o preconizado pela Doutrina.

A Contrainteligência tem por desígnio prevenir, detectar, obstruir e neutralizar ações adversas contra os ativos institucionais, em especial as ameaças (fatores externos à organização), face às vulnerabilidades (fragilidades internas da instituição), e possui mecanismos distintos de ação, a saber: medidas ativas, que têm o caráter ofensivo (detectar e neutralizar); e as medidas passivas, as quais possuem o cunho defensivo (prevenir e obstruir).

Ao conjunto de medidas passivas da Contrainteligência dá-se o nome de Segurança Orgânica, cujo mote consiste em identificar as vulnerabilidades, tratando-as, visando a eliminá-las ou minimizá-las, para se prevenir dos possíveis danos causados pelas ameaças e, dessa forma, tornar inacessíveis os conhecimentos sensíveis produzidos pela organização, tal como proteger os demais ativos institucionais.

Assim, para a segurança dos tribunais, é necessária a atuação da unidade de Inteligência na elaboração de Plano de Segurança Orgânica – PSO, devendo, após a aprovação pela gestão superior, ser aderido e fielmente obedecido, não somente pela equipe de policiamento ostensivo, mas por todas as camadas laborais da instituição, mediante conscientização e estimulação de cultura de segurança.

Do mesmo modo, como medida de contrainteligência, ao almejar a elaboração de plano de proteção de magistrado, a unidade de Inteligência deverá, necessariamente, produzir conhecimento específico, para apoiar o tomador de decisão. Eis a importância e a indispensabilidade da atividade, já que, nesse contexto, o decisor, para definir os procedimentos operacionais de segurança da autoridade, precisará estar munido de elementos que estarão contidos no conhecimento produzido pela Inteligência, a fim de que se estipule o lapso temporal da proteção; o quantitativo de agentes; se a escolta será exclusivamente no interior do fórum, ou se haverá necessidade de escolta ininterrupta; se motorizada apenas no trajeto residência/fórum/residência ou, além desta, durante as atividades pessoais da autoridade; se precisará utilizar armamento longo; se necessitará de viatura blindada, ou, ainda, se o nível da ameaça exige extensão da escolta a familiares, dentre outros fatores.

O documento final e sigiloso a que o usuário terá acesso com o conhecimento produzido é denominado Relatório de Inteligência – RELINT. Neste caso – produção de conhecimento para proteção de autoridades –, constarão dois procedimentos preambulares, bem como outras informações consideradas basilares, que fundamentarão o raciocínio final do Analista de Inteligência.

O primeiro desses procedimentos é a Análise Criminal, que consiste em considerar tendências criminais, conforme critérios de data, hora, local (DHL) e *modus operandi*, onde se pretende levantar dados e fornecer conhecimento que subsidie os elementos operacionais, tanto na prevenção, quanto na apuração de situações que afetem os ativos institucionais do Poder Judiciário. Cuida-se, portanto, de importante mecanismo, pois, para uma análise de Inteligência completa, é primordial a ciência do nível de criminalidade da região em que atua o magistrado ameaçado, seja de forma concreta ou abstrata. Como se percebe, uma Análise Criminal não é um simples emaranhado de gráficos, tabelas e mapas de calor, já que, por meio dela, coletam-se dados, interpretando-os, chegando aos respectivos resultados, para o planejamento e adoção de políticas de segurança.

Posteriormente, o Analista de Inteligência debruçar-se-á no segundo procedimento, que é outro artifício de suma importância na produção de conhecimento para proteção de magistrados, a Análise de Riscos (AR).

A tão referenciada, nos dias atuais, Análise de Riscos pode ser conceituada, com fulcro na ABNT ISO 31000:2009, como *"atividades coordenadas para dirigir e controlar uma organização, no que diz respeito ao risco"*. Sendo assim, o que é o risco? De que modo é produzido? Após identificado, como mensurá-lo e tratá-lo?

Uma ameaça está ligada ao poder de causar dano. É uma situação extrínseca às instituições, sejam internacionais, de Estado, públicas ou privadas, que pode causar prejuízos ou gerar crises. As ameaças são fatores que fogem ao controle da organização, porque advêm de causas alheias à sua vontade. No entanto, é plenamente possível que seus efeitos sejam mitigados, ou até mesmo neutralizados, dependendo da maneira como são tratadas as vulnerabilidades – debilidades internas da instituição.

Posto isso, verifica-se que vulnerabilidades, enquanto pontos fracos, em um confronto direto com as ameaças, produzem o risco, que pode ser definido como *o efeito das incertezas nos objetivos* (BRASIL, 2009). Nessa relação, constata-se que, quanto maior a ameaça e maior a vulnerabilidade, maior o nível de risco. Em virtude disso, as vulnerabilidades devem ser submetidas a rigoroso tratamento e periodicamente revisadas, para que, consequentemente, se diminuam os riscos, os quais, após mensuração e correspondente proposição de tratamento adequado, da mesma forma, deverão ser permanentemente monitorados. Insta evidenciar que existem matrizes informatizadas para realização de Análises de Risco. Entretanto, devem ser utilizadas com reservas, haja vista que nem sempre dispõem de detalhes que correspondem à realidade individual de cada demanda.

De posse dos resultados das análises dos dois instrumentos anteriores (AC e AR) e de outros dados obtidos, organizados, integrados e interpretados, referentes ao assunto, o Analista de Inteligência, valendo-se não somente de sua expertise, mas da estrita observância dos ditames legais e dos princípios norteadores que regem a atividade de Inteligência, chegará à conclusão necessária para embasar o decisor, visando a que este tome a decisão mais acertada possível. Vê-se, nessa atividade intelectual do analista, a fase da Interpretação, consoante a Metodologia de Produção do Conhecimento, estipulada pela Doutrina de Inteligência de Segurança Institucional do Poder Judiciário. Configura-se como um momento de sublime relevância, visto que o usuário vai basear seu processo decisório nos subsídios fornecidos pelo profissional de Inteligência, produzidos exatamente nessa fase.

Vencida a etapa da produção do conhecimento, espera-se que o tomador de decisão disponha de informações suficientes para a elaboração de um planejamento de proteção de autoridades eficaz e eficiente, determinando as medidas a serem adotadas por sua equipe operacional.

8. CONCLUSÃO

Ante o exposto, infere-se, considerando o contínuo crescimento do crime organizado no Brasil, tal qual a altíssima incidência de crimes cibernéticos da contemporaneidade, que a atividade de Inteligência é imprescindível para uma Polícia Judicial atuante, tanto no cuidado com os ativos institucionais que compõem a segurança orgânica, quanto na proteção de autoridades judiciais, para que estas exerçam, com a devida segurança, seu mister de dizer o Direito, de forma que lhes sejam sempre acauteladas as prerrogativas para o pleno exercício da magistratura, estabelecidas no art. 95 da Constituição Federal, concretizando, destarte, os preceitos constitucionais de independência e autonomia do Poder Judiciário.

9. REFERÊNCIAS

BRASIL. Associação Brasileira de Normas (ABNT). **Gestão de Riscos -** Princípios e Diretrizes. ISO 31000:2009.

____. Congresso Nacional. **Constituição da República Federativa do Brasil de 1988.** Disponível em: https://www.planalto.gov.br/ccivil_03/constituição/constituição.htm. Acesso em: 8 jun. 2024.

____. Presidência da República. Lei Federal 12.527 de 2011 - **Lei de Acesso à Informação.** 2011. Disponível em: https://www.planalto.gov.br/ccivil_03/_ato2011-2014/2011/lei/l12527.htm. Acesso em: 8 jun. 2024.

CANOTILHO, JJ. Gomes; Mendes, Gilmar Ferreira; Sarlet, Ingo Wolfgang; Streck, Lenio Luiz. **Comentários à Constituição do Brasil.** 2ª ed. Almedina, Coimbra: SaraivaJur, 2018, p. 1265.

CINTRA, Antônio Carlos de Araújo; GRINOVER, Ada Pelegrini e DINAMARCO, Cândido Rangel. **Teoria Geral do Processo.** Jus PODVIM, 34ª Ed, 2020.

CONSELHO NACIONAL DE JUSTIÇA. Regulamenta o exercício do Poder de Polícia Administrativa, no âmbito dos tribunais, dispondo sobre as atribuições funcionais dos agentes e inspetores da Polícia Judicial. **Resolução CNJ 344/2020.** Disponível em: https://atos.cnj.jus.br/atos/detalhar/3460.

____. Doutrina de Inteligência de Segurança Institucional do Poder Judiciário. Resolução CNJ 447/2022. Disponível em: https://atos.cnj.jus.br/atos/detalhar/4457.

GONÇALVES, Joanisval Brito. **Atividade de Inteligência e legislação correlata.** Niterói: Ímpetus, 2018.

JUSTIÇA, Ministério da. **Doutrina Nacional de Inteligência de Segurança Pública (DNISP).** 4ª Ed. Brasília, 2016.

JÚNIOR, Renato; FERRAÇO, Laurejan. **Guerra Federal** - Retratos do combate a crimes violentos no Brasil. 2018.

____. **Guerra transnacional** – Operações policiais entre o real e o imaginário - Do Brasil para o mundo. Ed. Dos Autores, 2020.

LENZA, Pedro. **Direito Constitucional.** Saraiva, 26ª Ed, 2022, p. 816.

MAGALHÃES, Alexander Ferreira de; SACRAMENTO, Carlos Alberto do; SOUZA, Khátia Aparecida Cardoso Cabral. **Gerenciamento das situações de crise geradas por ocorrências com tomadas de reféns.** Curso de Aperfeiçoamento de Oficiais PMMG. Belo Horizonte: PMMG, 1998.

PEREIRINHA, Sara Margarida Luz. **Segurança e gestão do risco.** (Tese Mestrado) Estoril,Portugal: Escola Superior de Hotelaria e Turismo do Estoril, 2013.

PINTO, Maurício V. A propaganda como instrumento de influência estratégica. *In*: MENDES, Cintiene S. M. (org.) et al. **Inteligência Estratégica:** estudos compilados - explorando o passado e prospectando o futuro do Brasil. Brasília: Pró-Consciência, 2022. p. 113-127.

____; NUNES, Alexandre Magno de Souza; **Inteligência de Segurança Institucional:** Operacionalização do sistema, após a aprovação do Ato Normativo que instituiu a Doutrina de Inteligência do Poder Judiciário. Revista CNJ, V. 6 n.2, jul/dez 2022.

PINTO, Oriana Piske de Azevedo Magalhães. **A Essência da independência e da legitimação democrática da atividade judicial.** TJDFT, 2008. Disponível em: https://www.tjdft.jus.br/institucional/imprensa/campanhas-e-produtos/artigos-discursos-e-entrevistas/artigos/2008/a-essencia-da-independencia-e-da-legitimação-democratica-da-atividade-judicial-juiza-oriana-piske-de-azevedo-magalhaes-pinto. Acesso em: 8 jun. 2024.

RIBEIRO, Caio Bertone Ramos; FIGUEIREDO, Daniel José; OLIVEIRA, Dominique de Castro; FRANCO, George Lincoln Alves; SILVA, Gustavo Augusto Alves da; SCHILLER, Herbert; REY, Jayme Fornazzieri. **Crimes violentos** (caderno didático). Brasília: Academia Nacional de Polícia, 2010.

RICHELSON, Jeffrey. **The technical collection of Intelligence.** 1ª Ed. London, 2006.

VICENTE, Rafael. **Crime organizado e a atividade de inteligência da Polícia Militar de Santa Catarina.** Florianópolis, 2017.

WIKIPEDIA. **US Marshals.** Disponível em: https://pt.m.wikipedia.org/wiki/Serviço_de_Delegados_dos_Estados_Unidos. Acesso em: 8 jun. 2024.

A atividade de Inteligência de segurança Institucional, como uma das atribuições da Polícia Judicial, traz os desafios de adaptação da doutrina, desenvolvida ao longo dos tempos com o foco em segurança pública, para as necessidades peculiares do Poder Judiciário, entre as quais temos as adversidades específicas de cada esfera – Federal e Estadual – e de cada competência – da Justiça Comum e das Especializadas.

INTEGRAÇÃO E INTEROPERABILIDADE: A PARTICIPAÇÃO DA INTELIGÊNCIA DO PODER JUDICIÁRIO NO CENTRO INTEGRADO DE COMANDO E CONTROLE NACIONAL

WILFRIDO TIRADENTES DA ROCHA NETO
Especialista em Direito Digital e Proteção de Dados pelo Instituto Brasileiro de Ensino, Desenvolvimento e Pesquisa - IDP, especialista em Planejamento Estratégico pela Universidade Federal Fluminense - UFF e bacharel em Direito pela Faculdade de Direito de Curitiba - FDC. Agente de Polícia Judicial. Coordenador de Policiamento Orgânico do Tribunal Superior Eleitoral - TSE.

RESUMO

O presente artigo tem por objetivo descrever e analisar as experiências pioneiras em integração e interoperabilidade da Inteligência do Poder Judiciário com instituições de segurança pública e inteligência, ocorridas com a participação do Tribunal Superior Eleitoral no Centro Integrado de Comando e Controle Nacional (CICCN) na realização das Eleições 2020, posteriormente expandida, quando das Eleições 2022, com a participação no CICCN e nas células operacionais de inteligência conduzidas pela Subsecretaria de Operações Integradas da Secretaria de Segurança Pública do Distrito Federal (SSP-DF). Como método de pesquisa utilizamos a coleta, análise e interpretação dos dados não sensíveis dos relatórios de inteligência do TSE. Consultamos a norma e a doutrina pertinentes, concluindo pelo sucesso da iniciativa experimentada e a necessidade de maior integração das unidades de inteligência.

Palavras-chave: Integração. Interoperabilidade. Inteligência do Poder Judiciário.

1. INTRODUÇÃO

A Justiça Eleitoral é um dos ramos da justiça especializada, com diferencial relevante quanto à sua atuação jurisdicional e administrativa. O desenvolvimento e modernização dos serviços prestados em mais de 90 anos desde sua criação permite a participação, apuração e divulgação dos resultados dos votos de mais de 150 milhões de eleitores em um país de dimensões continentais.

Na evolução da estrutura administrativa do Tribunal Superior Eleitoral (TSE), durante um longo período a segurança limitou-se ao aspecto patrimonial. Em 2020, a criação da Assessoria Especial de Segurança e Inteligência inovou não apenas na área de segurança, mas introduziu um órgão destinado à atividade de Inteligência. Essa estrutura foi aprimorada em maio de 2022, com a transformação da Assessoria na atual Secretaria de Polícia Judicial (SPJ), composta pela Coordenadoria de Policiamento Orgânico, pelo Núcleo de Segurança de Autoridades e pela Coordenadoria de Inteligência.

A Atividade de Inteligência, *lato sensu*, pode ser inicialmente apresentada como a produção organizada de conhecimentos do tipo informe[11], informação[12], apreciação[13] e estimativa[14], que possam orientar a tomada de decisões. O CNJ definiu a atividade de Inteligência, para fins do Sistema de Inteligência de Segurança Institucional do Poder Judiciário (SInSIPJ), como o exercício permanente e sistemático de ações especializadas para identificar, avaliar e acompanhar ameaças reais ou potenciais aos ativos do Poder Judiciário, orientadas para a produção e salvaguarda de conhecimentos necessários ao processo decisório no âmbito da segurança institucional[15]. Também definiu como um dos princípios da Política Nacional de Segurança do Poder Judiciário a integração

---

11 Informe: texto narrativo. Relato de eventos passados ou presentes. Não elabora uma conclusão a partir dos dados apresentados. Composto por dados em estado de certeza ou de opinião.

12 Informação: texto dissertativo voltado para eventos passados ou presentes. Elabora uma conclusão ao final (em estado de certeza). Composta exclusivamente por dados em estado de certeza.

13 Apreciação: texto dissertativo voltado para eventos passados ou presentes. Elabora uma conclusão ao final (em estado de opinião). Utiliza um ou mais dados em estado de opinião.

14 Estimativa: texto dissertativo voltado exclusivamente para eventos futuros. Resulta da aplicação de raciocínios de alta complexidade. A sua conclusão estará obrigatoriamente em estado de opinião.

15 Art. 1º, parágrafo único, da Resolução CNJ nº 383/2021.

e interoperabilidade de seus órgãos com órgãos de estado, instituições de segurança e inteligência[16].

O Centro de Comando e Controle Nacional (CICCN) surgiu em 2011, quando o país planejava sediar a RIO + 20, Copa das Confederações e Copa do Mundo, com a necessidade e a missão de coordenar atividades integradas de segurança em grandes eventos, com a participação dos diversos órgãos responsáveis pela segurança pública no âmbito federal e nos estados envolvidos.

O presente artigo tem como objetivo descrever e analisar as experiências pioneiras em integração e interoperabilidade da Inteligência do Poder Judiciário com instituições de segurança pública e inteligência, ocorridas com a participação do Tribunal Superior Eleitoral no Centro Integrado de Comando e Controle Nacional, coordenado pelo Ministério da Justiça e Segurança Pública (MJSP) por meio da Secretaria de Operações Integradas - SEOPI, na realização das Eleições 2020, posteriormente expandida, quando das Eleições 2022, com a participação no CICCN e nos centros de comandos Estaduais e Distrital.

Neste artigo, utilizamos o método dedutivo para a análise do objeto de estudo, com a observação das experiências descritas na busca de perceber o resultado da integração e da interoperabilidade com os diversos órgãos envolvidos no plano de segurança das eleições.

Como técnica de pesquisa optou-se pela análise bibliográfica, documental e normativa, bem como a pesquisa, análise e interpretação dos dados não sensíveis dos relatórios de Inteligência do TSE, buscando validar a necessidade de integração dos órgãos de inteligência conforme previsão normativa.

16 Resolução CNJ nº 291/2019.

2. A JUSTIÇA ELEITORAL

Em 1932 Getúlio Vargas instituiu o Código Eleitoral (Decreto 21.076/1932), criando assim a Justiça Eleitoral no Brasil. O Código inovou não apenas com a especialização da matéria eleitoral em órgãos próprios da Justiça, mas também na fixação do conceito de eleitor como o cidadão maior de 21 anos, sem distinção de sexo – garantindo o voto feminino[17] –, na adoção do sufrágio universal, do voto secreto e do sistema de representação proporcional.

Passados apenas 5 anos de seu funcionamento, a Justiça Eleitoral foi extinta com a adoção do Estado Novo em 1937, sendo recriada posteriormente, nos mesmos moldes de 1932, pelo Decreto-Lei 7.586, de 28 de maio de 1945, com a instituição do Código Eleitoral ocorrendo pela Lei nº 4.737, de 15 de julho de 1965.

Embora o Estado Brasileiro adote a tripartição clássica de poderes, Executivo, Legislativo e Judiciário, cabendo a cada um deles, precipuamente, sua função administrativa, legislativa e jurisdicional, a Justiça Eleitoral exerce também funções administrativas, cabendo-lhe não apenas a competência jurisdicional típica, com o julgamento de processos judiciais relativos à matéria eleitoral, mas também a competência para a organização das eleições, que se inicia com o cadastro dos eleitores, o registro dos candidatos, a realização do pleito e encerra-se com a diplomação e posse dos eleitos; a fixação de normas que disciplinam em detalhes as leis eleitorais; a resposta às Consultas, procedimentos para esclarecimento de dúvidas quanto à interpretação da legislação eleitoral; e a análise e julgamento das prestações de contas dos candidatos e partidos quanto ao uso dos recursos, particulares ou públicos (Fundo Partidário).

Nas palavras o Ministro Alexandre de Moraes, em seu discurso de posse como Presidente do Tribunal Superior Eleitoral em 16 de agosto de 2022,

---

17 Apesar de exemplos anteriores de permissão da participação feminina como eleitoras em alguns Estados, o Código Eleitoral de 1932 é considerado como marco na garantia do direito de voto das mulheres.

> A Justiça Eleitoral nada mais é do que um instrumento constitucional para o exercício seguro e transparente das escolhas democráticas realizadas pelas brasileiras e pelos brasileiros, em respeito à soberania da vontade popular, valor estruturante, essencial e imprescindível na construção e no fortalecimento de uma democracia estável, justa, igualitária e solidária. (MORAES, 2022.)

Dimensionando a Justiça Eleitoral em números[18] para contextualizar o porte de sua atuação, temos como marco referencial os dois últimos pleitos – eleições municipais de 2020 e eleição geral de 2022.

Com o diferencial da mudança de data para realização do pleito promovida pela Emenda Constitucional 107/2020, decorrência da pandemia da Covid-19, em 2020 estavam aptos ao voto 147.918.483 eleitores distribuídos em 5.568 municípios. Foram deferidos 526.913 dos 557.678 pedidos de registro de candidatura, distribuídas para 5.568 vagas de prefeito, 5.568 vagas de vice-prefeito e 58.114 vagas de vereador. Para atender as 483.665 seções eleitorais (sendo 400.257 seções principais, 36.192 distribuídas de ofício e 47.216 seções agregadas[19]), 2.645 juízes eleitorais contaram com 33.043 servidores e colaboradores, 1.528.163 mesários (ausência de 3,74% dos 1.587.495 mesários convocados) e 473.503 urnas eletrônicas. Na esfera jurisdicional, foram 74.110 processos autuados, restando 8.996 (12,14%) ainda em tramitação.

Em 2022, estavam aptos ao voto 156.454.911 eleitores distribuídos em 5.570 municípios e 181 cidades no exterior. Foram deferidos 26.351 dos 29.262 pedidos de registro de candidatura, distribuídas para 1 vaga para presidente e 1 para vice-presidente, 27 vagas para governador e 27 para vice-governador, 27 vagas para senador, 513 vagas para deputado federal, 1.035 vagas para deputado estadual e 24 vagas para deputado distrital. Para atender as 496.832 seções eleitorais no país (sendo 472.061 seções principais, 618 distribuídas de ofício e 24.153 seções agregadas)

---

18 Estatísticas eleitorais, portal de Dados abertos. TSE, 2024.

19 Uma seção eleitoral é o local onde são recepcionados os eleitores que exercem o direito de voto. Nela funciona a mesa receptora, composta por mesários nomeados pelo juiz eleitoral, e a urna eletrônica, onde são registrados os votos. Esses locais são também chamados de seções principais, que normalmente são instaladas em escolas ou instituições de ensino. As seções eleitorais podem ainda receber as designações "distribuídas de ofício", quando são desmembradas em mais de uma seção principal com o objetivo de equilibrar a distribuição dos eleitores; e "com acessibilidade", preparadas para receber pessoas com deficiência. Por fim, as seções agregadas são aquelas cujos eleitores votam em outra seção provisoriamente.

e 2.173 seções eleitorais no exterior[20] (sendo 1.123 seções principais e 1.050 seções agregadas), 2.822 juízes eleitorais contaram com 30.890 servidores e colaboradores, 1.840.246 mesários (ausência de 2,62% dos 1.889.818 mesários convocados) e 577.125 urnas eletrônicas. Na esfera jurisdicional, foram 79.661 processos autuados, restando 12.898 (16,19%) ainda em tramitação.

20 Os brasileiros residentes no exterior também devem cumprir suas obrigações eleitorais, realizando o alistamento e o ***exercício do voto nas eleições para presidente e vice-presidente da República.*** O voto é obrigatório para os cidadãos brasileiros alfabetizados(os) maiores de 18 e menores de 70 anos, sendo facultativo para quem está com idade entre 16 e 18 anos, bem como para os maiores de 70 anos e para as pessoas não alfabetizadas. As eleições no exterior são organizadas pela Justiça Eleitoral em Brasília-DF/Brasil e realizadas em outros países com o apoio dos Consulados e Embaixadas brasileiros.

3. HISTÓRICO DA SEGURANÇA E INTELIGÊNCIA NA JUSTIÇA ELEITORAL

A Resolução TSE 20.450, de 1º de julho de 1999, inovou ao promover a transposição da Assessoria de Segurança da Secretaria de Administração para a Diretoria-Geral, fixando novas atribuições ao órgão, com competência para proposição, orientação, normatização, fiscalização e controle nos temas referentes ao acesso, permanência e circulação de pessoas e veículos, prevenção e combate à incêndio, preservação do patrimônio e integralidade física dos servidores e autoridades, sensibilização e educação em normas de segurança.

Em 2003 a Assessoria de Segurança da Diretoria-Geral foi transformada em Seção de Segurança[21], subordinada diretamente ao Secretário da Secretaria de Administração, excluindo atribuições de orientação e normatização e incluindo os serviços de segurança pessoal dos Ministros.

Em 16 de maio de 2006, a Seção de Segurança foi convertida em Assessoria de Segurança[22], permanecendo a vinculação à Secretaria de Administração, sem alteração das competências.

Em 20 de dezembro de 2013, a Assessoria de Segurança da Secretaria de Administração foi extinta e se criou a Assessoria de Segurança e Transporte na Secretaria do Tribunal[23], incorporando as atribuições da antiga seção de transportes e ampliando as atribuições de segurança, incluindo a segurança pessoal dos Ministros, interação com unidades de Segurança de outros órgãos públicos, nas atividades comuns ou de interesse do TSE e coordenação dos procedimentos relacionados à segurança da informação, Inteligência e Contrainteligência.

Em 1º de fevereiro de 2016, houve novamente a extinção da Assessoria de Segurança e Transporte. Foi criada a Secretaria de Segurança e Transporte, vinculada à Secretaria do Tribunal, permanecendo as competências[24].

---

21 Resolução TSE nº 21.423/2003, de 1º de julho de 2003.

22 Resolução TSE nº 22.201, de 16 de maio de 2006.

23 Resolução TSE 23.401, de 20 de dezembro de 2013.

24 Resolução TSE nº 23.468, de 1º de fevereiro de 2016.

Com a evolução da matéria no âmbito do CNJ, que resultou na consolidação das normas sobre a Política e o Sistema Nacional de Segurança do Poder Judiciário[25], o Ministro Luis Roberto Barroso, então Presidente do TSE, introduziu a Inteligência na Justiça Eleitoral. A Resolução TSE nº 23.619, de 26 de maio de 2020, extinguiu a Secretaria de Segurança e Transporte e criou a Assessoria Especial de Segurança e Inteligência, composta de Núcleos de Inteligência, de Segurança da Presidência e de Segurança Orgânica, retirando as atribuições de transportes, priorizando a atividade fim e estruturando órgão com foco específico em Inteligência.

Consolidando a importância da área e promovendo a adequação à Resolução CNJ nº 344, de 09 de setembro de 2020[26], a Resolução TSE nº 23.698, de 22 de abril de 2022, transformou a Assessoria Especial de Segurança e Inteligência na atual estrutura da Secretaria de Polícia Judicial, com a Coordenadoria de Inteligência, a Coordenadoria de Policiamento Orgânico e o Núcleo de Segurança de Autoridades.

A Coordenadoria de Inteligência tem sido responsável, desde a sua criação como Núcleo de Inteligência, pelas competências típicas da área Inteligência de Segurança Institucional[27] e, em especial, pela promoção, supervisão e coordenação de unidades de Inteligência nos Tribunais Regionais Eleitorais, iniciada com a indicação formal de pontos focais de Inteligência em todos os TREs no primeiro semestre de 2022. Hoje a atividade de Inteligência está instituída formalmente em 17[28] Regionais Eleitorais, com mais 3 Tribunais finalizando sua estruturação.

---

25 Resolução CNJ nº 291, de 23 de agosto de 2019.

26 Norma que regulamenta o exercício do poder de polícia administrativa no âmbito dos tribunais, dispondo sobre as atribuições funcionais dos agentes e inspetores da polícia judicial.

27 Art. 17 da Resolução CNJ nº 435, de 3 de novembro de 2021.

28 Conforme levantamento realizado em outubro de 2023.

4. CENTRO INTEGRADO DE COMANDO E CONTROLE NACIONAL - CICCN

Com a previsão de ocorrência de grandes eventos de interesse internacional no país, em especial a Conferência das Nações Unidas sobre Desenvolvimento Sustentável - Rio + 20, em 2012, a Copa das Confederações FIFA[29] de 2013 e a Copa do Mundo FIFA de 2014, foi instituída no Ministério da Justiça a Secretaria Extraordinária de Segurança para Grandes Eventos (SESGE)[30], com a missão de coordenar atividades integradas de segurança das autoridades, atletas, turistas e residentes nas áreas de interesse operacional e nas áreas impactadas pelos eventos, sendo responsável pela introdução da doutrina de atuação integrada e criando os Centros de Comando e Controle Nacional e Regionais.

Em 04 de setembro de 2017, as competências da SESGE foram transferidas para a Secretaria Nacional de Segurança Pública (SENASP), alterando a denominação para Centro Integrado de Comando e Controle Nacional (CICCN)[31].

A Lei nº 13.675, de 11 de junho de 2018, que instituiu o Sistema Único de Segurança Pública (SUSP), estabeleceu a responsabilidade da União de promover e coordenar a atuação integrada nas três esferas de governo.

Em 18 de junho de 2019, a Lei nº 13.844 converteu a Medida Provisória nº 870, de 1º de janeiro de 2019, consolidando alteração na estrutura administrativa do Governo Federal que estabeleceu como órgão o Ministério da Justiça e Segurança Pública, enquanto o Decreto nº 9.662, de 1º de janeiro de 2019, passou a competência de coordenação para a Secretaria de Operações Integradas (SEOPI). Nesse processo de transição, o escopo do CICC foi ampliado para atuação em operações integradas multiagências, visando fortalecer as políticas e estratégias de segurança pública e defesa social, agregando mais dois 'C', de Coordenação e de Comunicação, tornado-se o Sistema Integrado de Coordenação, Comunicação, Comando e Controle – SIC4, que está, de um modo geral, estruturado no Centro Integrado de Comando e Controle Nacional, Centros

---

29 Federação Internacional de Futebol.

30 Decreto nº 7.538, de 1º de agosto de 2011.

31 Decreto nº 9.150, de 4 de setembro de 2017.

Integrados de Comando e Controle Estaduais (CICCE)/Distrital (CICCD) ou similares, Centros Integrados de Comando e Controle Municipais (CICCM), centros Integrados de Operações de Fronteira (CIOF) e outros centros das agências participantes.

Com o novo governo, o Decreto nº 11.348, de 1º de janeiro de 2023, retornou a coordenação para a Secretaria Nacional de Segurança Pública, na Diretoria de Operações Integradas e de Inteligência.

Em Brasília, o CICCN está instalado fisicamente na sede da Polícia Rodoviária Federal (Figura 1), sendo composto em conformidade com o evento trabalhado.

Figura 1: Sala de controle do CICCN nas Eleições 2020

Fonte: Montaninl, 2020.

5. A INTELIGÊNCIA DA JUSTIÇA ELEITORAL NO CENTRO INTEGRADO DE COMANDO E CONTROLE NACIONAL - CICCN

O ano de 2020 foi marcado pela pandemia mundial decorrente da COVID-19, infecção respiratória aguda causada pelo coronavírus SARS-COV-2, potencialmente grave e de transmissibilidade elevada, identificado em dezembro de 2019. Em 30 de janeiro de 2020 a Organização Mundial de Saúde (OMS) declarou que o surto do novo coronavírus tratava-se de uma Emergência de Saúde Pública de Importância Internacional - ESPII, o mais alto grau de alerta da organização.

Entre as medidas iniciais de enfrentamento e controle adotadas no Brasil estavam o distanciamento físico, uso de máscaras, higienização das mãos e limpeza e desinfecção de ambientes, bem como o isolamento de casos suspeitos e confirmados e a quarentena de seus contatos - todas medidas com alto impacto na realização do pleito de outubro de 2020.

Em maio daquele ano o Senado Federal iniciou proposta de emenda constitucional (PEC 18/2020) para o adiamento das eleições, gerando a Emenda Constitucional nº 107, promulgada em 02 de julho de 2020, e adiando as eleições para 15 e 29 de novembro de 2020.

Apesar do uso das redes sociais como mídia e ferramenta de informação nas campanhas remontar ao ano de 2004[32], o distanciamento social e episódios de *lockdown*[33] influenciaram fortemente na utilização das mídias e redes sociais no debate eleitoral e nas campanhas, com episódios de desinformação representando obstáculo relevante na organização do pleito.

Vigente à época, a Resolução CNJ nº 291, de 23 de agosto de 2019, em seu art. 3º trazia, entre os princípios elencados para a Política Nacional de Segurança do Poder Judiciário, a previsão da integração e

---

32 "Já no Brasil, a introdução das mídias sociais nas campanhas remete a 2004, na esteira da adoção do Orkut. A rede social lançada em janeiro daquele ano teve grande aceitação no país, tanto que, em junho, os brasileiros tornaram-se os maiores usuários, em números absolutos, dessa ferramenta. Em setembro do mesmo ano, durante a disputa em âmbito municipal, cerca de 700 mil usuários já haviam aderido ao Orkut" (SOUZA; Marques, 2014, P. 186)

33 Medida de distanciamento social mais rigoroso, representando a contenção comunitária ou bloqueio. (BRASIL, 2020)

interoperabilidade dos órgãos do Poder Judiciário com instituições de segurança pública e inteligência.

Nesse cenário, o TSE integrou o CICCN, representado pelos servidores do Núcleo de Inteligência da então AESI.

Já presente desde maio nas reuniões de elaboração do Plano Integrado de Segurança Pública para as Eleições 2020, no dia 26 de outubro de 2020 o TSE, sob a coordenação da SEOPI/MJ, inicia sua participação junto à Polícia Federal, Polícia Rodoviária Federal, Agência Brasileira de Inteligência, Casa Civil, Ministério da Defesa e representantes das Forças Estaduais de Segurança de todas as unidades federativas, para de forma articulada executar o Plano Integrado.

O Poder Judiciário participava, pela primeira vez, daquele Centro, até então restrito ao Executivo em seus níveis Federal, Estadual e Municipal, marcando a expansão da integração com unidades de Inteligência dos demais poderes.

Com a atuação em tempo real no monitoramento das ocorrências e na coleta de informações, foi possível o repasse de relatórios de Inteligência para os gestores do TSE, auxiliando na tomada de decisão para prevenção e repressão às ações atentatórias à normalidade do pleito eleitoral.

O contingente das Forças de Segurança que foi empregado em 2020 está distribuído conforme o quadro demonstrativo da tabela 1, Forças Estaduais, e da tabela 2, Forças Federais, com os dados do primeiro e segundo turnos.

Tabela 1: Forças Federais de Segurança Pública nas Eleições 2020

Órgãos	1° Turno		2° Turno	
	Efetivo	Viaturas	Efetivo	Viaturas
EB	4.005	110	302	27
PF	4	2	1.434	306
PRF	1.818	526	752	374
Total	**5.827**	**638**	**2.488**	**707**

Fonte: Córtex/SEOPI/MJSP

Tabela 2: Forças Estaduais de Segurança Pública nas Eleições 2020

Órgãos	1° Turno		2° Turno	
	Efetivo	Viaturas	Efetivo	Viaturas
CBM	5.793	1.891	1.717	408
CICCE	79	8	87	6
Defesa Civil	27	19	23	19
DETRAN	263	58	123	61
Guarda Munic.	2.125	697	917	128
Inteligência	45	17	57	17
Trânsito	466	276	373	223
PC	19.380	5.085	2.819	539
Perícia	285	109	232	79
PM	205.826	32.337	83.253	11.498
SAMU	68	32	68	32
SSP	78	6	15	4
TRE	19	272	136	0
Vigilância Sanitária	28	22	24	22
Total	**234.482**	**40.829**	**89.844**	**13.036**

Fonte: Córtex/SEOPI/MJSP

As ocorrências registradas chegaram ao total de 3.362, distribuídas conforme a tabela 3.

Tabela 3: Indicadores Criminais nas Eleições 2020

Crime	1° Turno	2° Turno	Total
Boca de Urna	1.791	95	**1.886**
Compra de Votos	408	13	**421**
Transporte de Eleitores	172	2	**174**
Outros	801	80	**881**
Total	**3.172**	**190**	**3.362**

Fonte: Córtex/SEOPI/MJSP

Importante ressaltar que as Forças Armadas atuam em auxílio ao processo eleitoral com apoio logístico e na Garantia da Votação e Apuração (GVA)[34], instrumento previsto no Art. 23, XIV, do Código Eleitoral e regulamentado pela Resolução TSE nº 21.843/2004. Em 2020, as autorizações para uso das Forças Armadas somaram 560 no 1º turno e 40 no 2º turno.

Ao final dos trabalhos, foi perceptível que a atuação integrada com os órgãos de segurança pública e com unidades de Inteligência dos demais Tribunais Regionais não apenas permitiu significativa melhora na produção e repasse das informações aos gestores, como forneceu dados mais consistentes e precisos para o sistema de divulgação da Justiça Eleitoral.

Em 2022, o cenário da pandemia de COVID-19 apresentava medidas de enfrentamento com menor impacto para o ato de votar.

Entretanto, a polarização política e o uso do ambiente virtual para desinformação, manipulação de notícias e de falsas notícias, as chamadas *fake news*, com potencial e velocidade de disseminação elevados, trouxeram novos desafios para a Inteligência da Justiça Eleitoral.

Em continuação à experiência bem sucedida do pleito de 2020, o TSE novamente integrou o CICCN, coordenado pela SEOPI/MJSP, estimulando a participação dos Regionais nos CICCEs – em Brasília, o TSE participou em conjunto com o TRE-DF nas Células Operacionais de Inteligência conduzidas pela Subsecretaria de Operações Integradas da Secretaria de Segurança Pública do Distrito Federal.

O contingente das Forças de Segurança para o pleito de 2022 está demonstrado conforme a Tabela 4, Forças Estaduais, e a Tabela 5, Forças Federais, com os dados do primeiro e segundo turnos.

Tabela 4: Forças Federais de Segurança Pública nas Eleições 2022

Órgãos	1° Turno		2° Turno	
	Efetivo	Viaturas	Efetivo	Viaturas
EB	1.016	117	943	69
PF	6.090	1.540	6.865	1.831
PRF	741	218	575	168
Total	**7.847**	**1.875**	**8.383**	**2.068**

Fonte: Córtex/SEOPI/MJSP

34 Art. 23, XIV, do Código Eleitoral, regulamentado pela Resolução TSE nº 21.843/2004.

Tabela 5: Forças Estaduais de Segurança Pública nas Eleições 2022

Órgãos	1º Turno		2º Turno	
	Efetivo	Viaturas	Efetivo	Viaturas
CBM	5.224	1.705	6.790	1.598
CICCE	45	06	2.588	287
Defesa Civil	12	04	-	-
DETRAN	131	56	133	37
Guarda Munic.	2.263	285	2.010	157
Inteligência	233	65	10	-
Trânsito	517	236	91	43
PC	11.462	3.161	29.375	4.310
Perícia	501	151	925	835
PM	139.835	21.917	209.244	32.624
SSP	5.502	589	11.381	659
TRE	120.915	528	120.000	341
Total	**286.640**	**28.703**	**382.547**	**40.891**

Fonte: Córtex/SEOPI/MJSP

As ocorrências registradas chegaram ao total de 2.154, distribuídas conforme a tabela 6.

Tabela 6: Indicadores Criminais nas Eleições 2022

Crime	1º Turno	2º Turno	Total
Boca de Urna	442	135	**577**
Compra de Votos	94	9	**103**
Transporte de Eleitores	57	13	**70**
Outros	785	619	**1.404**
Total	**1.378**	**776**	**2.154**

Fonte: Córtex/SEOPI/MJSP

Novamente as Forças Armadas atuaram em auxílio ao processo eleitoral com apoio logístico e na Garantia da Votação e Apuração (GVA), com as autorizações para uso das Forças Armadas somando 575 no 1º turno e 578 no 2º turno.

A integração da Rede de Inteligência estabelecida pelo TSE, em conjunto com os TREs, conseguiu contribuir efetivamente para a segurança das eleições. As ocorrências identificadas nas redes, após o devido processamento e análise, eram compartilhadas com os Regionais e resultavam em notas oficiais de esclarecimento do fato, evitando o seu agravamento artificial e diminuindo a possibilidade de desinformação.

6. CONSIDERAÇÕES FINAIS

A Polícia Judicial, com seu histórico na evolução dos valorosos Agentes de Segurança do Poder Judiciário, ainda representa uma instituição neófita, mas que demonstra todos os dias a importância de sua atuação.

A atividade de Inteligência de Segurança Institucional, como uma das atribuições da Polícia Judicial, traz os desafios de adaptação da doutrina, desenvolvida ao longo dos tempos com o foco em segurança pública, para as necessidades peculiares do Poder Judiciário, entre as quais temos as adversidades específicas de cada esfera - Federal e Estadual - e de cada competência - da Justiça Comum e das Especializadas.

O evento Eleições, embora realizado ordinariamente a cada dois anos em datas específicas, requer dos Núcleos de Inteligência observação, análise e planejamento constantes, representando a exata definição da atividade de Inteligência como insculpida no parágrafo único do art. 1º, da Resolução CNJ nº 383/2021, a saber:

> Entende-se por atividade de inteligência o exercício permanente e sistemático de ações especializadas para identificar, avaliar e acompanhar ameaças reais ou potenciais aos ativos do Poder Judiciário, orientadas para a produção e salvaguarda de conhecimentos necessários ao processo decisório no âmbito da segurança institucional.

Aplicando o princípio da interoperabilidade, a participação do TSE no CICCN e dos TREs nos CICCE/CICCD permitiu observar que a atividade de Inteligência, até então realizada de forma isolada pelos Tribunais, apresentou significativo ganho em produtividade e eficiência quando trabalhada de forma uniforme em seus procedimentos e fluxo de informações, refletindo também positivamente na percepção da importância e da imprescindibilidade desta atividade na defesa das instituições.

Conforme nos ensinam antigos doutrinadores,

> Aproxima-se, a passos largos, a nova era onde o conhecimento decidirá, mais do que antes, quem se desenvolverá, quem definhará e até quem nem conseguirá sobreviver. As formas de adquirir conhecimento são apenas duas: aprender com os outros e pesquisar. Para aprender com os outros, nada melhor do que um bom órgão de Inteligência. (FREGAPANI, 2017).

Que possamos, cada vez mais, trabalhar e aprender de forma integrada.

7. REFERÊNCIAS

BRASIL. **Decreto nº 21.076**, de 24 de fevereiro de 1932. DOU, Brasília, 26/2/1932. Disponível em: https://tinyurl.com/DecFed21076. Acesso em: 22/10/2023.

____. **Decreto nº 7.538**, de 1º de agosto de 2011. DOU, Brasília, 2/8/2011. Disponível em: https://tinyurl.com/DecFederal7538. Acesso em: 22/10/2023.

____. **Decreto nº 9.150**, de 4 de setembro de 2017. DOU, Brasília, 5/9/2017. Disponível em: https://tinyurl.com/DecFederal9150. Acesso em: 22/10/2023.

____. **Decreto nº 9.662**, de 1º de janeiro de 2019. DOU, Brasília, 2/1/2019. Disponível em: https://tinyurl.com/DecFederal9662. Acesso em: 22/10/2023.

____. **Decreto nº 11.348**, de 1º de janeiro de 2023. DOU, Brasília, 1/1/2023. Disponível em: https://tinyurl.com/DecFederal11348. Acesso em: 22/10/2023.

____. **Decreto-Lei nº 7.586**, de 28 de maio de 1945. CLBR, Brasília, 31/12/1945. Disponível em: https://tinyurl.com/DecLei7586. Acesso em: 22/10/2023.

____. **Emenda Constitucional nº 107**, de 2 de julho de 2020. DOU, Brasília, 3/7/2020a. Disponível em: https://tinyurl.com/EMC107. Acesso em: 22/10/2023.

____. **Lei nº 4.737**, de 15 de julho de 1965. DOU, Brasília, 19/7/1965. Disponível em: https://tinyurl.com/LeiFederal4737. Acesso em: 22/10/2023.

____. **Lei nº 13.675**, de 11 de junho de 2018. DOU, Brasília, 1/6/2018. Disponível em: https://tinyurl.com/LeiFederal13675. Acesso em: 22/10/2023.

____. **Lei nº 13.844**, de 18 de junho de 2019. DOU, Brasília, 18/6/2019. Disponível em: https://tinyurl.com/LeiFederal13844. Acesso em: 22/10/2023.

____. **Medida Provisória nº 870**, de 1º de janeiro de 2019. DOU, Brasília, 1/1/2019. Disponível em: https://tinyurl.com/MedProv870. Acesso em: 22/10/2023.

____. Ministério da Saúde. Secretaria de Vigilância em Saúde. **Guia de vigilância epidemiológica : emergência de saúde pública de importância nacional pela doença pelo coronavírus 2019 – covid-19**. Brasília : Ministério da Saúde, 2020. Disponível em: https://www.gov.br/saude/pt-br/assuntos/covid-19/publicacoes-tecnicas/guias-e-planos/guia-de-vigilancia-epidemiologica-covid-19. Acesso em: 22/10/2023.

____. Ministério da Saúde. **Coronavirus**. Disponível em: https://0077ww.gov.br/saude/pt-br/coronavirus

____. Ministério da Segurança Pública. Secretaria Nacional de Segurança Pública. **Doutrina Nacional de Atuação Integrada de Segurança Pública (DNAISP)**. Brasília: Ministério da Segurança Pública, 2018.

____. Tribunal Superior Eleitoral. **Estatísticas eleitorais.** Portal do TSE, dados abertos. Disponível em: https://tinyurl.com/Estatisticas-eleitorais. Acesso em: 21 jan. 2024.

____. Tribunal Superior Eleitoral. **Resolução nº 19.340**, de 31 de agosto de 1995. DJ-Seção 1, Brasília, 19/09/1995. Disponível em: https://tinyurl.com/ResTSE19340. Acesso em: 22/10/2023.

____. Tribunal Superior Eleitoral. **Resolução nº 20.450**, de 1º de julho de 1999. DJ-Seção 1, Brasília, 13/8/1999. Disponível em: https://tinyurl.com/ResTSE20450. Acesso em: 22/10/2023.

____.Tribunal Superior Eleitoral. **Resolução nº 21.423**, de 1º de julho de 2003. DJ-Seção 1, Brasília, 13/8/2003. Disponível em: https://tinyurl.com/ResTSE21423. Acesso em: 22/10/2023.

____. Tribunal Superior Eleitoral. **Resolução nº 21.843**, de 22 de junho de 2004. DJ-Seção 1, Brasília, 1/7/2004. Disponível em: https://tinyurl.com/ResTSE21843. Acesso em: 22/10/2023.

____. Tribunal Superior Eleitoral. **Resolução nº 22.201**, de 16 de maio de 2006. DJ-Seção 1, Brasília, 22/5/2006. Disponível em: https://tinyurl.com/ResTSE22201. Acesso em: 22/10/2023.

____. Tribunal Superior Eleitoral. **Resolução nº 23.401**, de 20 de dezembro de 2013. DJe-TSE, Brasília, 23/12/2013. Disponível em: https://tinyurl.com/ResTSE23401. Acesso em: 22/10/2023.

____. Tribunal Superior Eleitoral. **Resolução nº 23.468**, de 1º de fevereiro de 2016. DJe-TSE, Brasília, 1/2/2016. Disponível em: https://tinyurl.com/ResTSE23468. Acesso em: 22/10/2023.

____. Tribunal Superior Eleitoral. **Resolução nº 23.619**, de 26 de maio de 2020. DJe-TSE, Brasília, 26/5/2020. Disponível em: https://tinyurl.com/TesTSE23619. Acesso em: 22/10/2023.

____. Tribunal Superior Eleitoral. **Resolução nº 23.698**, de 22 de abril de 2022. DJe-TSE, Brasília, 26/4/2022. Disponível em: https://tinyurl.com/ResTSE23698. Acesso em: 22/10/2023.

____. Tribunal Superior Eleitoral. **Seções eleitorais desaparecem? Entenda o agrupamento dos locais de votação**. Disponível em: https://tinyurl.com/3tep7nbb. Acesso em 20/08/2023.

____. Tribunal Superior Eleitoral. **Voto da mulher**. Disponível em: https://tinyurl.com/TSEGlossario. Acesso em 20/08/2023.

CONSELHO NACIONAL DE SAÚDE. **Recomendação Nº 036,** 11/5/2020. Disponível em: https://conselho.saude.gov.br/images/Recomendacoes/2020/Reco036.pdf. Acesso em: 23 jan. 2024.

CONSELHO NACIONAL DE JUSTIÇA. **Resolução nº 291**, de 23 de agosto de 2019. DJe/CNJ, Brasília, 30/8/2019. Disponível em: https://tinyurl.com/ResCNJ291. Acesso em: 22/10/2023.

____. **Resolução nº 344**, de 09 de setembro de 2020. DJe/CNJ, Brasília, 10/9/2020. Disponível em: https://tinyurl.com/ResCNJ344. Acesso em: 22/10/2023.

____. **Resolução nº 383**, de 25 de março de 2021. DJe/CNJ, Brasília, 29/3/2021. Disponível em: https://tinyurl.com/ResCNJ383. Acesso em: 22/10/2023.

____. **Resolução nº 435**, de 28 de outubro de 2021. DJe/CNJ, Brasília, 3/11/2021. Disponível em: https://tinyurl.com/ResCNJ435. Acesso em: 22/10/2023.

FREGAPANI, Gélio. **Segredos da espionagem**. Brasília: Tagora, 2017.

MONTANINI, Marcelo; LIMA, Luciana. **TSE enfrenta instabilidade no sistema de divulgação de resultados.** Metrópolis, 2020. Disponível em: https://www.metropoles.com/brasil/eleicoes-2020/tse-enfrenta-instabilidade-no-sistema-de-divulgação-de-resultados. Acesso em: 23 jan. 2024.

MORAES, Alexandre. **Discurso de posse.** Consultor Jurídico, 2022. Disponível em https://tinyurl.com/CONJUR-Alexadre . Acesso em: 23 jan. 2024.

ORGANIZAÇÃO PAN-AMERICANA DE SAÚDE (OPAS). **Histórico da pandemia de COVID-19.** Disponível em: https://www.paho.org/pt/covid19/historico-da-pandemia-covid-19. Acesso em: 23 jan. 2024.

SENADO FEDERAL. **Proposta de Emenda à Constituição nº 18**, de 19 de maio de 2020. Disponível em: https://tinyurl.com/SenadoPEC182020. Acesso em: 22/10/2023.

SOUZA, I.J; MARQUES, F.P.J. **Campanha Negativa nas Eleições de 2014: Uma abordagem empírica sobre como os candidatos à Presidência utilizaram o Facebook**. *In*: CERVI, E.U.; MASSUCHIN, M.G.; CARVALHO, F.C. (Org.). **Internet e eleições no Brasil**. Curitiba: CPOP, 2016. Disponível em https://tinyurl.com/yhvsdcms.

O analista deve pautar seu trabalho pela busca da isenção na produção de conhecimentos, agindo sem viés ideológico, político, preconceitos ou pressões externas.

GERENCIAMENTO DE RISCO COMO ELEMENTO ESTRUTURANTE DE RELATÓRIOS DE INTELIGÊNCIA ELABORADOS PELA POLÍCIA JUDICIAL

EPIFÂNIO PASSOS DE ALBUQUERQUE

Especialista em Inteligência Estratégica e gestão de crises pela AVM Faculdades integradas. Especialista em Ordem Jurídica e Ministério Público pela FESMPDFT. Especialista em Direito, Estado e Constituição pelas Faculdades Integradas da União Educacional do Planalto Central. Especialista em Ciências Jurídicas pela Universidade Cândido Mendes/RJ. Agente de Polícia Judicial. Diretor da Coordenadoria de Inteligência e Segurança Institucional da Secretaria Geral da Presidência do TRF 1ª Região.

RESUMO

O artigo busca analisar a importância do gerenciamento de risco como elemento estruturante da avaliação de ameaças em relatórios produzidos pelas unidades de Inteligência da Polícia Judicial. Assinala o emprego do gerenciamento de risco como técnica acessória, fundamental ao trabalho do analista de Inteligência, conforme preceitua a Doutrina de Inteligência de Segurança Institucional do Poder Judiciário (DISIPJ). Sugere que, em casos de ameaça, realize-se a identificação e avaliação dos riscos, de modo a possibilitar a inserção no Relatório de Inteligência (RELINT) da indicação dos riscos mensurados, impacto e probabilidade, para que a autoridade destinatária tenha plena consciência da probabilidade e do impacto de uma atitude ou omissão de sua parte, em face das ameaças identificadas.

Palavras-chave: Inteligência. Polícia Judicial. Gerenciamento de risco. Ameaça.

1. INTRODUÇÃO

As Unidades de Inteligência da Polícia Judicial representam organismos fundamentais para o bom êxito de sua missão constitucional do Poder Judiciário: atuar como guardião da Constituição e assegurar o acesso à justiça para a sociedade.

Nos termos da Declaração Universal dos Diretos Humanos da ONU, a concretização dos direitos fundamentais passa pela existência de um Poder Judiciário independente e autônomo. Portanto, promover a segurança da instituição a partir da produção de conhecimentos úteis e oportunos é condição essencial para se assegurar o pleno exercício desse direito universal.

Tal entendimento é muito bem explicitado pelos especialistas Alexandre Magno de Souza Nunes e Maurício Viegas Pinto (2023) na obra Inteligência, Segurança Pública e Organização Criminosa:

> para garantia dos preceitos constitucionais de independência e autonomia do Poder Judiciário, bem como para assegurar a primazia de uma prestação jurisdicional que contemplem a imparcialidade e a liberdade, essenciais ao exercício da magistratura, os tribunais têm se valido de um cabedal de conhecimentos e habilidades que decorrem diretamente da Inteligência.

Em que pese a relevância apontada acima, nota-se que alguns analistas de Inteligência da Polícia Judicial ainda atuam de modo pouco harmonizado ao que preconiza a Doutrina de Inteligência de Segurança Institucional do Poder Judiciário (DISIPJ), instituída por meio da Resolução do Conselho Nacional de Justiça nº 447, de 29 de março de 2022, não conseguindo colocar em prática a metodologia proposta para a produção de conhecimentos aptos ao assessoramento da alta gestão.

É atribuição precípua dos profissionais que atuam na Atividade de Inteligência da Polícia Judicial a produção de conhecimentos voltados à identificação, avaliação e acompanhamento de ameaças reais ou potenciais aos ativos institucionais do Poder Judiciário.

Para a produção de tais conhecimentos, é fundamental que analistas da Polícia Judicial conheçam e assimilem a Doutrina de Inteligência de Segurança Institucional, a Metodologia de Produção do Conhecimento e a Técnica de Avaliação de Dados, importantes ferramentas por ela preconizadas. Ademais, é imprescindível que busquem atuar em nível estratégico, com isenção de paixões, opiniões e pressões, para que possam gerar produtos capazes de subsidiar a um dos processos mais importantes das organizações na atualidade: o gerenciamento de riscos.

Não raro, ocorrem situações envolvendo a identificação, avaliação e acompanhamento de ameaças aos ativos institucionais nas quais Unidades de Inteligência da Polícia Judicial são instadas a assessorar a alta administração do Poder Judiciário mediante a produção de conhecimentos aptos a colaborar com a melhor decisão referente à salvaguarda de atos, processos e autoridades judiciais.

Note-se, nesse sentido, que a Doutrina de Inteligência de Segurança Institucional contempla o gerenciamento de riscos como técnica acessória à produção do conhecimento, ou seja, destaca a sua importância para a complementação dos estudos e análises realizadas pelo analista de Inteligência da Polícia Judicial.

A apresentação da análise de riscos concomitante ao Relatório de Inteligência tem se demonstrado uma excelente prática para que o gestor possa decidir de forma mais assertiva qual postura deve ser adotada em face das ameaças identificadas.

Segundo Scarpelli de Andrade (2012), "a atividade de Inteligência busca transformar dados em conhecimento por meio de metodologia própria, podendo propiciar significativa contribuição aos desafios encontrados nos dias atuais".

Nessa mesma seara, o próprio conceito de Inteligência apresentado pela Doutrina de Inteligência de Segurança Institucional destaca a razão de ser de uma Unidade de Inteligência da Polícia Judicial, qual seja: produzir conhecimentos destinados ao assessoramento do processo decisório. Esse assessoramento, em grande parte, instrumentaliza-se a partir dos Relatórios de Inteligência (RELINT).

Com esse propósito, a atividade de Inteligência da Polícia Judicial deve ser dirigida à produção de conhecimentos úteis e oportunos, assim entendidos aqueles que resultem em alguma vantagem de natureza estratégica aos seus usuários.

Com esse mesmo objetivo, a atuação das Unidades de Inteligência da Polícia Judicial também alcança o espectro da Contrainteligência, uma vez que por essa perspectiva busca promover a salvaguarda de dados sensíveis, com a adoção e constante renovação de procedimentos direcionados à defesa dos ativos institucionais. Destaque-se, nesse sentido, que o conhecimento produzido no âmbito da Contrainteligência abarca fatos ou situações que, de forma imediata ou potencial, configurem risco aos ativos institucionais do Poder Judiciário.

Nesse contexto, este ensaio objetiva levar o leitor a refletir sobre a relevância de se inserir o resultado do gerenciamento de riscos em Relatórios de Inteligência elaborados pelas Unidades de Inteligência da Polícia Judicial.

Tal tema mostra-se oportuno e fundamental em face da recente instituição da Doutrina de Inteligência de Segurança Institucional, cujo texto apresenta as bases fundantes para a atuação das Unidades de Inteligência da Polícia Judicial, e cujo objeto maior é o adequado assessoramento dos gestores de segurança institucional.

A metodologia utilizada para a elaboração deste ensaio foi a revisão bibliográfica, a qual, somada à experiência adquirida ao longo de anos de estudo e atuação na atividade de Inteligência, permitiu comparar o entendimento de diferentes profissionais sobre o tema ora em debate.

Ao final do estudo, pretende-se responder à seguinte indagação: o quão importante é a inserção do resultado do gerenciamento de risco em Relatórios de Inteligência destinados a avaliação de ameaças aos ativos institucionais do Poder Judiciário e simultaneamente apresentação do próprio gerenciamento?

2. DOUTRINA DE INTELIGÊNCIA DE SEGURANÇA INSTITUCIONAL DO PODER JUDICIÁRIO- DISIPJ

A Resolução Nº 447 de 29 de março de 2022 do Conselho Nacional de Justiça instituiu a Doutrina de Inteligência de Segurança Institucional do Poder Judiciário, na qual se define que os documentos de Inteligência são padronizados e sigilosos, e utilizam o canal técnico para circular entre as Unidades de Inteligência de Segurança Institucional a fim de transmitir ou solicitar a produção de conhecimentos.

Na referida doutrina se estabelece que as Unidades de Inteligência utilizarão, como regra, para externar o conhecimento produzido, o Relatório de Inteligência (RELINT).

A doutrina preenche, dessa forma, uma lacuna que havia quanto à padronização de metodologia para a produção do conhecimento e do estabelecimento de uma linguagem que permita o fluxo informacional em uma rede que integre a totalidade das Unidades de Inteligência do Poder Judiciário.

3. O RELATÓRIO DE INTELIGÊNCIA (RELINT)

O Relatório de Inteligência (RELINT) é o documento externo, padronizado, sigiloso, no qual uma Unidade de Inteligência da Polícia Judicial transmite conhecimentos para outras unidades ou agências congêneres, sendo, portanto, essencial para o assessoramento de decisores em diversos escalões.

O rigor na elaboração dos relatórios proporciona a confiança partilhada entre agências e sistemas de Inteligência, tanto no âmbito do Poder Judiciário quanto em outras comunidades integradas.

O RELINT pode ser empregado para veicular qualquer dos quatro tipos de conhecimento de Inteligência, quais sejam: Informes, Informações, Apreciações e Estimativas. Por ser o RELINT um documento desenvolvido para fins de atividades de Inteligência, ele deve possuir classificação sigilosa e difusão restrita.

O RELINT tem apenas a finalidade de informar e orientar a autoridade decisora a qual se destina, não possuindo qualquer valor probatório, não devendo, portanto, compor processos de qualquer natureza, sejam administrativos ou judiciais.

Em julgamento do Supremo Tribunal Federal em 2021, o Ministro Alexandre de Moraes enfatizou a não utilização do RELINT como documento de natureza probatória:

> Os denominados RELINT derivam da atividade de inteligência disciplinada pela Lei nº 9.883/1995, ou seja, a "que objetiva a obtenção, análise e disseminação de conhecimentos dentro e fora do território nacional sobre fatos e situações de imediata ou potencial influência sobre o processo decisório e a ação governamental e sobre a salvaguarda e a segurança da sociedade e do Estado" (art. 1º, § 1º), não se prestam a integrar acervo probatório.
>
> Conforme explica a doutrina: "o grande problema da relação entre relatório de inteligência e inquérito policial diz respeito à confusão feita entre os dois documentos. Enquanto o inquérito está no cerne da atividade da atividade de polícia judiciária, o relatório de inteligência é documento de

> natureza administrativa, pois é produto da análise de dados e informações para assessoramento a um processo decisório, não se pode confundir as duas peças, e um relatório de inteligência em hipótese alguma poderia compor os autos de um inquérito policial". (BRASIL, 2021)

Assim, tem-se que o Relatório de Inteligência não deve ser utilizado para a produção de provas pois, conquanto o conhecimento nele contido, em especial quando elaborado no escopo da Contrainteligência, seja relevante para a proteção dos ativos institucionais, a sua produção não afasta a apuração dos fatos em sede de inquérito policial.

INCORPORAÇÃO PADRONIZADA DE ANÁLISES DE RISCO AO RELINT

O RELINT tem sua elaboração realizada por analistas das Unidades de Inteligência da Polícia Judicial, e pode veicular conhecimentos atinentes tanto ao ramo da Inteligência quanto da Contrainteligência.

Todas as doutrinas de Inteligência consultadas para a elaboração deste ensaio preconizam a necessidade de padronização dos documentos produzidos, haja vista que a uniformidade da linguagem é requisito fundamental para o estabelecimento de um efetivo fluxo informacional.

Tal uniformização, que impacta tanto a linguagem quanto a formatação dos Relatórios de Inteligência, contribui para que se realize a difusão do documento para outras Unidades de Inteligência, favorecendo, dessa maneira, o compartilhamento do conhecimento por todo o Sistema de Inteligência de Segurança Institucional.

A Doutrina de Inteligência de Segurança Institucional, adotada pelas Unidades de Inteligência da Polícia Judicial, relaciona, dentre as técnicas acessórias, a análise de vínculo, análise de risco e análise criminal. Essas técnicas auxiliam a produção do conhecimento e podem ser incorporadas aos Relatórios de Inteligência.

Com efeito, propõe-se que na produção de conhecimentos que envolvam a avaliação de ameaças por parte das Unidades de Inteligência da Polícia Judicial, utilize-se, de forma padronizada, a metodologia de Análise de Risco (AR) como elemento estruturante para a elaboração dos respectivos Relatórios de Inteligência.

A TÉCNICA DE AVALIAÇÃO DE DADOS NAS ANÁLISES DE RISCO

Um dos principais atributos de um RELINT é a credibilidade atribuída ao seu conteúdo por parte dos usuários, ou seja, dos destinatários finais do conhecimento que será veiculado. Para tanto, analistas das Unidades de Inteligência da Polícia Judicial deverão assegurar que o relatório seja elaborado a partir de dados válidos e confiáveis.

Isso exige, preliminarmente, que se realize uma rigorosa avaliação da fonte que transmitiu o dado à Unidade de Inteligência da Polícia Judicial, de modo a garantir a sua autenticidade, confiabilidade e competência. Neste ponto o analista deverá valer-se da consagrada Técnica de Avaliação de Dados - TAD (Figuras 1 e 2).

Fundamental ainda, nesse aspecto, é valer-se de fontes múltiplas, pois essa postura favorece a obtenção de dados que possam ser confrontados entre si, de modo que eventuais imprecisões, que levariam a uma avaliação equivocada dos riscos, possam ser identificadas e corrigidas oportunamente.

Além da avaliação da fonte, analistas das Unidades de Inteligência da Polícia Judicial devem se debruçar sobre a avaliação do conteúdo do dado. Tal procedimento, que visa a escrutinar elementos relacionados à coerência, compatibilidade e semelhança, é essencial no âmbito da avaliação de ameaças, independentemente do meio pelo qual elas foram perpetradas: e-mail, telefone, correspondência postal ou publicações em redes sociais.

Figura 1: Parâmetros adotados para o julgamento da fonte pela Técnica da Avaliação de Dados (TAD)

PARÂMETROS	ASPECTOS A CONSIDERAR	VERIFICA-SE
AUTENTICIDADE	Origem do dado	O dado provém realmente da fonte presumida ou declarada? Caso afirmativo, foi nela que o dado teve origem? Existe canal de transmissão? Quais os meios de transmissão ou meios pelos quais passou o dado? Quais os processos utilizados para identificação e reconhecimento da fonte (informante, colaborador)?

CONFIANÇA	Antecedentes Padrão de vida Contribuição anterior Motivação	Qual o envolvimento da fonte no episódio descrito? Qual o interesse da fonte ao fornecer o dado? Quais os antecedentes (criminal, político, lealdade, honestidade, etc) da fonte? Quais as características pessoais da fonte? O padrão de vida é compatível com o poder aquisitivo (cargo, emprego, situação em relação ao Org Intlg/AI, etc) Qual a contribuição anterior prestada ao Org Intlg/AI? (precisão dos dados, quantidade de dados transmitidos, frequência, etc) Qual a motivação (financeira, ciúme, patriotismo, interesse pessoal, vingança, troca de favor, etc) existente?
COMPETÊNCIA	Habilitação Localização	A fonte está habilitada para receber, memorizar e transmitir (descrever) os dados? Os atributos pessoais (capacidade intelectual, formação, nível de escolaridade, cultura geral, experiência relativa ao assunto, etc) permitem que a fonte perceba, memorize e descreva o fato ou situação? A localização física permite que a fonte perceba o que descreve?

Fonte: Elaborada pelo autor

Figura 2: Parâmetros adotados para o julgamento do conteúdo pela Técnica da Avaliação de Dados (TAD)

PARÂMETROS	ASPECTOS A CONSIDERAR	VERIFICA-SE
SEMELHANÇA	Conformidade	Há dado oriundo de outra fonte com conteúdo semelhante ao dado em julgamento? O dado provém realmente de outra fonte?
COERÊNCIA	Harmonia interna (fato isolado)	O dado em julgamento apresenta contradição?
COMPATIBILIDADE	Harmonia com o contexto da situação	Há relacionamento com o que se sabe sobre o fato ou situação em estudo? Qual o grau de harmonia (total - parcial - pouca - nenhuma) do dado com outros dados conhecidos anteriormente?

Fonte: Elaborada pelo autor.

4. IMPORTÂNCIA DO ASSESSORAMENTO CONSCIENTE E ASSERTIVO

Importante ressaltar que a atividade de Inteligência promovida pela Polícia Judicial tem o condão de prestar assessoramento em todos os níveis do processo decisório no âmbito da segurança institucional do Poder Judiciário, difundindo conhecimento para decisores nos planos Político, Estratégico, Tático e Operacional.

Conforme preconizado pela Doutrina de Inteligência de Segurança Institucional, analistas da Polícia Judicial devem empregar, no processo de elaboração do conhecimento Inteligência, apenas os dados sobre os quais a sua mente esteja em estado de certeza, ou seja, no qual haja plena convicção do que está sendo apresentado; ou em estado de opinião, por meio do qual o analista acredita na probabilidade de ocorrência do evento descrito, mas considera a possibilidade que ele não se manifeste.

É imperioso que a distinção entre ambos os estados da mente descritos acima seja indicada na elaboração do conhecimento difundido aos decisores, tendo em vista que, especialmente no contexto da análise de riscos, os eventos retratados no corpo do Relatório de Inteligência tendem a estar situados temporalmente no futuro, devendo ser expressos, obrigatoriamente, em uma linguagem que indique o estado de opinião por parte do analista.

Conforme assinala Johnson *apud* Vitor Lares (2013), é nos momentos mais importantes e críticos que a Inteligência se mostra relevante e não raro é colocada à prova: "Se a Inteligência se mostra irrelevante para uma crise, ou se é tardia ou imprecisa, ela será ignorada pelas autoridades políticas, concomitante à redução no acesso dos oficiais de Inteligência aos conselhos de decisão."

Com base na mencionada assertiva, pode-se presumir que se um decisor encontra imprecisões que comprometam a credibilidade da análise recebida, especialmente em um momento de crise, cria-se a percepção de baixa confiabilidade no produto que lhe é veiculado. Nesse mesmo sentido, um dos precursores da Inteligência, Sherman Kent apud Vitor Lares (2013) definia, já em 1968, a importância de um trabalho bem realizado, tanto para o destinatário quanto para a Unidade de Inteligência, do seguinte modo:

> O consumidor decepcionado pode começar a olhar duramente para a base factual da nossa pirâmide. Ele pode encontrar algumas peças de alvenaria soltas que podem ser postas à parte, e ele o fará. Ele então pode encontrar outras pedras, que, apesar de serem do mesmo material e cortadas em formas geométricas similares, não foram incorporadas à estrutura de base. (...) Se ele encontrar evidências desse tipo de abordagem insincera, ele vai atacar com armas pesadas. Antes que termine, ele terá provado a si, e a uma série de outros, que a chamada "contribuição da Inteligência" é uma fraude. SHERMAN KENT (1994)

A metodologia prescrita na Doutrina de Inteligência de Segurança Institucional do Poder Judiciário, como as melhores doutrinas de Inteligência, aplica-se, no todo ou em parte, a todos os conhecimentos produzidos pelas Unidades de Inteligência da Polícia Judicial. Assim, tanto o Informe, a Informação, a Apreciação e a Estimativa, resultam de uma metodologia que prevê rigorosa análise de dados.

Pela leitura da DISIPJ o analista da Polícia Judicial deve ter em mente que a atividade de Inteligência de Segurança Institucional tem por objetivo fundamental o assessoramento do processo decisório, considerando-se prudente e oportuna apenas a utilização de dados sobre os quais esse analista esteja em estado de certeza ou, ao menos, de opinião.

Infere-se, portanto, que um assessoramento promovido de forma incorreta pode gerar mais danos a um decisor do que saber que naquele momento a Unidade de Inteligência ainda não é capaz de lhe apresentar um conhecimento acabado.

Ponto de destaque nesse tema diz respeito à necessidade de que a produção de conhecimento ocorra, necessariamente, isenta de paixões, ideologias, preconceitos e outros vieses, pois o produto entregue pela atividade deve resultar somente dos dados obtidos e devidamente analisados, sob pena de se desvirtuar o propósito maior da Inteligência de Segurança Institucional.

5. PRAGMATISMO NECESSÁRIO PARA A AVALIAÇÃO DE AMEAÇAS

O pragmatismo como um pensamento filosófico, focado no valor prático de ideias e pensamentos, foi criado no fim do século XIX pelo filósofo norte americano Charles Sanders Peirce, pelo psicólogo William James e pelo jurista Oliver Wendel Holmes Jr. Conforme leciona Matos (2023), essa corrente filosófica defende que as ideias são instrumentos de ação, tendo validade real quando são capazes de produzir efeitos práticos.

Importante deixar claro que ao relacionarmos o pragmatismo com o trabalho do analista de Inteligência da Polícia Judicial não defendemos que o produto do relatório tenha necessariamente um fim prático, mesmo porque o conhecimento veiculado no RELINT destina-se ao assessoramento técnico do decisor, e não gera o condão de produzir uma ação concreta.

A convergência entre o pragmatismo e o conhecimento veiculado no RELINT, em especial no campo da avaliação de ameaças, funda-se no fato de que a conclusão do conhecimento deva fornecer ao usuário subsídios concretos para o assessoramento do processo decisório, bem como a indicação da probabilidade de ocorrência e do impacto gerado por eventos adversos, de modo que o decisor vislumbre o efeito de uma atuação ou inércia, a partir do conhecimento produzido e veiculado pela Unidade de Inteligência da Polícia Judicial.

Desse modo, propõe-se, em casos de avaliação de ameaças, que ao relatório de Inteligência seja incorporado o risco mensurado, o impacto e probabilidade de ocorrência, além da apresentação concomitante da análise de risco realizada, de forma que o decisor possa deliberar, após a leitura do conhecimento produzido, considerando os riscos apontados pela Unidade de Inteligência da Polícia Judicial, tornando, assim, o RELINT um efetivo instrumento de assessoramento técnico do processo decisório.

6. INCORPORAÇÃO DA ANÁLISE DE RISCO AO RELINT: COMO FAZER?

O professor Scarpelli de Andrade (2017) destaca que o Relatório de Inteligência não é indicado para sugerir ações ou prioridades a fim de se decidir o que deve ser feito, ou seja, na produção do conhecimento de Inteligência o analista não deve fazer sugestões ou recomendações, pois decidir é atribuição inerente ao decisor, e não cabe aos assessores de Inteligência.

Para o referido professor e expert, o RELINT, enquanto instrumento para veicular o produto de Inteligência, deve ser organizado tecnicamente, sem contemplar em sua estrutura qualquer tipo de sugestões ou recomendações.

O entendimento do professor Scarpelli converge para a compreensão deste artigo, quando menciona que o RELINT não deve conter sugestões ou recomendações, as quais, tradicionalmente, encontram espaço em Relatórios de Análise de Risco.

Neste ponto, vale fazer a leitura da afirmação do especialista combinada com o entendimento da hermenêutica jurídica, por meio do qual se consolidou a ideia de que a lei não contém palavras inúteis.

A referida regra se comunica com o célebre brocardo "*Verba cum effectu sunt accipienda*", traduzido por Carlos Maximiliano como "Não se presumem, na lei, palavras inúteis". Segundo Maximiliano (2017) "dá-se valor a todos os vocábulos e frases, para achar o verdadeiro sentido do texto, porque este deve ser entendido de modo que tenham efeito as suas provisões, nenhuma parte resulte inoperante ou supérflua, nula ou sem significação alguma"

Quando se observa no texto da Doutrina de Inteligência de Segurança Institucional o conceito de *interpretação*, fase na qual o analista atribui um significado final aos dados que foram obtidos, analisados e integrados, destacam-se, textualmente, as seguintes CARACTERÍSTICAS E ATRIBUTOS:

- Conclusão significativa.
- Identificação das relações de causa e efeito.

- Detecção de padrões.
- Identificação de tendências.
- Realização de previsões baseadas no raciocínio lógico.
- Delineamento da trajetória.
- Identificação dos fatores de influência, intensidade e efeitos.

Tais pontos, que devem ser buscados na fase de *interpretação* da produção do conhecimento, convergem integralmente com a proposta de incorporação do resultado da Análise de Risco com o risco mensurado, probabilidade e impacto ao RELINT, ao permitir um assessoramento técnico e especializado de temas envolvendo a avaliação de ameaças a ativos institucionais.

Note-se, por exemplo, que não há regras precisas para o desenvolvimento do estudo dos fatores de influência e suas interações com o objeto e objetivo da análise. Contudo, o analista de Inteligência da Polícia Judicial deve valer-se de técnicas acessórias adequadas para mensurar o impacto dos fatores estudados ao longo do tempo e assim inferir o efeito que terão no presente.

Assim, considera-se como de fundamental importância a incorporação ao RELINT do resultado da Análise com o risco mensurado, probabilidade e impacto, procedimento este que, conforme prevê a Doutrina de Inteligência de Segurança Institucional, é uma das técnicas acessórias previstas para os casos em que se necessite realizar a avaliação de ameaças a ativos institucionais do Poder Judiciário.

Nos termos da DISIPJ, a técnica da Análise de Risco consiste em um conjunto de procedimentos que identificam, quantificam, analisam e qualificam ameaças, vulnerabilidades e impactos aos ativos da Segurança Institucional do Poder Judiciário, tendo por objetivo nortear o decisor com recomendações que possam eliminar ou mitigar o risco de eventos indesejados, mas prováveis.

O próprio Conselho Nacional de Justiça em sua Resolução nº 435 de 28 de outubro de 2021, ao dispor sobre a Política e o Sistema Nacional de Segurança do Poder Judiciário, enuncia como um dos princípios desse sistema o gerenciamento de risco para garantia da segurança dos ativos do Poder Judiciário.

No Manual de Gerenciamento de Riscos do Conselho da Justiça Federal -CJF (2019), esclarece-se que tal procedimento se refere ao conjunto de atividades coordenadas, criadas para identificar e administrar eventos que possam afetar a organização, positiva ou negativamente.

A norma internacional para Gestão de Risco ISO 31000:2018, define o risco como sendo o efeito da incerteza nos objetivos. Tem-se o efeito como um desvio em relação ao esperado, esse podendo ser positivo, negativo ou ambos, podendo criar oportunidades ou ameaças.

Em consonância com tal entendimento, a norma ISO 31000 compreende a gestão de riscos como uma atividade coordenada para dirigir, controlar uma organização no que se refere a riscos.

No Manual de Gestão de Riscos do Conselho Nacional de Justiça - CNJ (2021), o gerenciamento de riscos é compreendido como sendo o "processo para definir a melhor forma de atingir os objetivos estabelecidos (estratégia), no qual riscos (resultado da relação existente entre ameaças e vulnerabilidades) são identificados, analisados e comunicados às partes interessadas".

O Conselho Nacional de Justiça, por meio da Recomendação Nº 106 de 02/09/2021, propõe a utilização do Método Integrado de Gestão de Riscos (MIGRI), como ferramenta de segurança institucional, responsável por identificar, analisar, avaliar e orientar os tribunais no tratamento dos riscos aos quais os ativos do Poder Judiciário estão sujeitos.

A referida recomendação, fundada na Política Nacional de Segurança do Poder Judiciário, baseia-se nos princípios da atuação preventiva e proativa, buscando a antecipação e a neutralização de ameaças e atos violentos, bem como da análise e da gestão de riscos voltadas à proteção de ativos institucionais.

Pode-se, portanto, compreender que a técnica acessória da Análise de Risco, pela sua alta relevância para o melhor assessoramento em casos de ameaças a ativos institucionais, deve ser incorporada ao conhecimento veiculado pelo RELINT, pois a mensuração de um evento adverso possibilitará ao destinatário a adoção de medidas proativas e preventivas reduzindo os efeitos indesejados.

Dessa forma, inserir o risco mensurado, a probabilidade e impacto ao RELINT, além da apresentação concomitante do próprio relatório de gerenciamento de risco como efetivo instrumento de assessoramento do processo decisório, representaria ganho extraordinário para o gestor, na medida em que proporcionaria uma decisão mais precisa, com base em informações, contexto, relações de causa e efeito e do *quantum* do risco identificado.

7. CONSIDERAÇÕES FINAIS

A tomada de decisões estratégicas, conscientes e assertivas, pelos decisores, no tocante à defesa e à proteção de ativos institucionais, representa a garantia da independência e autonomia do Poder Judiciário.

O êxito neste processo, em grande parte, depende de um assessoramento útil, oportuno, amplo e confiável. As Unidades de Inteligência são hábeis a propiciar o conhecimento necessário para a higidez das decisões.

A resolução nº 447, de 29 de março de 2022, instituiu a Doutrina de Inteligência de Segurança Institucional do Poder Judiciário - DISIPJ, padronizando a metodologia a ser utilizada na produção do conhecimento pelas Unidades de Inteligência da Polícia Judicial, de forma a promover o adequado fluxo informacional a partir da integração segura das diversas unidades que integram o Sistema de Inteligência do Poder Judiciário.

Esse fluxo informacional, via de regra, realiza-se pela veiculação de Relatórios de Inteligência – RELINT, documento externo padronizado, sigiloso, cujo objetivo básico é transmitir conhecimento a outras Unidades de Inteligência, agências congêneres e aos decisores do Poder Judiciário.

Embora o Poder Judiciário já disponha de um Sistema de Inteligência de Segurança Institucional, devidamente normatizado e amparado por uma doutrina oficialmente publicada, as suas Unidades de Inteligência ainda carecem de um canal de comunicação que viabilize um adequado fluxo informacional entre elas, bem como, em algumas vezes, com agências externas, de forma a difundir, oportunamente, a identificação e avaliação de ameaças, reais ou potenciais.

Importante mencionar que o analista deve pautar seu trabalho pela busca da isenção na produção de conhecimentos, agindo sem viés ideológico, político, preconceitos ou pressões externas. Nesse sentido, deve sempre utilizar dados com a máxima credibilidade e, reiteradamente, fazer uso dos recursos necessários para indicar o seu estado da mente em relação aos dados que integram a avaliação de ameaças.

A incorporação do resultado da análise risco, com a indicação do risco mensurado, da probabilidade e impacto ao RELINT, além da apresentação simultânea do próprio relatório de análise de risco, como vimos, atende ao pressuposto do pragmatismo científico, o qual defende que ideias têm validade real quando são capazes de produzir efeitos no mundo concreto.

Destaque-se, nesse sentido, que o destinatário do relatório veiculado pela Unidade de Inteligência, em regra, necessita do conhecimento produzido para coordenar as atividades atinentes à segurança dos ativos institucionais, tornando ainda mais importante a concentração num único documento dos fatos, circunstâncias e informações sobre eventuais riscos identificados.

Assim, o analista de Inteligência da Polícia Judicial, consciente da relevância de seu papel diante da avaliação de ameaças, deve buscar incorporar os resultados das Análises de Risco aos Relatórios de Inteligência produzidos, de modo que o destinatário do conhecimento tenha plena consciência da probabilidade e do impacto da ocorrência de um evento adverso em face de uma eventual ação ou inação.

Caso o decisor demande, em função dos riscos identificados, recomendações e sugestões de contramedidas para a mitigação do risco, o analista terá, no seu relatório de análise de risco apresentado simultaneamente, as recomendações técnicas para o caso.

Verifica-se, pois, que as Unidades de Inteligência da Polícia Judicial, responsáveis pela elaboração dos RELINT, devem estar igualmente aptas à produção de Análises de Risco, tendo em vista que o Relatório de Inteligência pode ser estruturado a partir de um gerenciamento dos riscos que evidencie as consequências de uma atuação ou omissão por parte dos seus destinatários.

8. REFERÊNCIAS

ASSOCIAÇÃO BRASILEIRA DE NORMAS TÉCNICAS. **Norma ABNT NBR ISO 31000.** 2ª ed. 28/03/2018. p. 7.

AZEVEDO, Oriana Piske de. **O Estado Constitucional de Direito caracteriza-se por ser direito e limite, direito e garantia e cabe ao juiz assegurar o seu reconhecimento e a sua eficácia.** Disponível em: https://www.tjdft.jus.br/institucional/imprensa/campanhas-e-produtos/artigos-discursos-e-entrevistas/artigos/2008/responsabilidade-do-poder-judiciario-no-estado-democratico-de-direito-juiza-oriana-piske-de-azevedo-magalhaes-pinto. Acesso em: 25 jun. 2023.

BARROSO, Luís Roberto. **Curso de Direito Constitucional Contemporâneo:** os conceitos fundamentais e a construção de um novo modelo. 5.ed. São Paulo: Saraiva, 2015, p. 448.

BRASIL. **Constituição da República Federativa do Brasil de 1988.** Disponível em: https://www.planalto.gov.br/ccivil_03/constituição/constituição.htm . Acesso em: 4 set. 2023.

____. Supremo Tribunal Federal. **Reclamação nº 46029/MS.** Relator Ministro Alexandre de Moraes. 2021. Disponível em: https://portal.stf.jus.br/processos/detalhe.asp?incidente=6119383. Acesso em: 3 jun. 2023.

CONSELHO DE JUSTIÇA FEDERAL. **Manual de gerenciamento de riscos.** Brasília, 2019. Disponível em https://www.cjf.jus.br/observatorio2/temas/metodologias-de-gestao/manual-de-gerenciamento-de-riscos-do-cjf. Acesso em: 3 jul. 2023.

CONSELHO NACIONAL DE JUSTIÇA. **Análise e gerenciamento de risco de magistrados.** 2018. Disponível em: https://www.cnj.jus.br/wp-content/uploads/2018/07/876d201cdcdf1c10c55b072f74df803a.pdf. Acesso em: 16 set. 2023.

____. **Manual de Gestão de Riscos do Conselho Nacional de Justiça.** 2019. pag. 13. Disponível em: https://www.cnj.jus.br/wp-content/uploads/2020/08/Novo-Manual-de-gestao-de-riscos.pdf. Acesso em: 11 maio 2023.

____. **Recomendação Nº 106 de 02/09/2021** - Propõe a utilização do Método Integrado de Gestão de Riscos (MIGRI), como ferramenta de segurança institucional. Disponível em: https://atos.cnj.jus.br/files/original-1247442021090861 38b0f01aa27.pdf. Acesso em: 15 jun. 2023.

____. **Resolução nº 435, de 28 de outubro de 2021.** Dispõe sobre a política e o sistema nacional de segurança do Poder Judiciário e dá outras providências. Disponível em: https://atos.cnj.jus.br/files/origina-l152110202111036182a8e64e88e.pdf. Acesso em: 14 out. 2023.

____. **Resolução nº 447, de 29 de março de 2022.** Institui a Doutrina de Inteligência de Segurança Institucional do Poder Judiciário e dá outras providências. Disponível em: https://atos.cnj.jus.br/files/original-155538202203316245cefaa94a8.pdf. Acesso em: 14 maio 2023.

LARES, Vitor. Repensando comportamentos: reflexões sobre planejamento e direção do ciclo de inteligência. **Revista Brasileira de Inteligência.** Brasília: Abin, n. 8, set. 2013 p. 39 e 72.

MAGNO, de Souza Nunes; PINTO, Maurício Viegas, Inteligência de segurança institucional: operacionalização do sistema após a aprovação do ato normativo que institui a doutrina de inteligência do poder judiciário. *In*: VIEGAS, Maurício. **Inteligência, segurança pública, organização criminosa.** (Orgs.) Mônica Pinto Leimgruber, Hêndrio Inandy José de Souza e Yuri Fonseca Lopes. Brasília, DF. Gráfica Movimento. 2023. Volume 3 p. 63.

MATOS, Carlos Artur. **Filosofia:** Pragmatismo. Disponível em: https://www.coladaweb.com/filosofia/pragmatismo. Acesso em: 5 ago. 2023.

MAXIMILIANO, Carlos. **Hermenêutica e aplicação do direito.** 21. ed. Rio de Janeiro: Forense, 2017. p. 236.

SCARPELLI DE ANDRADE, F . **Metodologia ARSO** - Análise de Riscos em Segurança Orgânica 2018. Disponível em: https://cutt.ly/Lp9VsUX . Acesso em: 10 set. 2023.

____. Análise de Riscos e a Atividade de Inteligência. **Revista Brasileira de Ciências Policiais**. Brasília, Brasil, v. 8, n. 2, p. 90–116, 2018. DOI: 10.31412/rbcp.v8i2.462. Disponível em: https://periodicos.pf.gov.br/index.php/RBCP/article/view/1130/779. Acesso em: 6 ago. 2023.

A estruturação e o emprego adequados da atividade de Inteligência são fundamentais para a produção, análise e difusão do conhecimento e, em sentido mais amplo, do próprio acesso à justiça.

ATIVIDADE DE INTELIGÊNCIA E SUA APLICAÇÃO NOS NÚCLEOS DE PESQUISA PATRIMONIAL DA JUSTIÇA DO TRABALHO E NA POLÍCIA JUDICIAL

MARCELO CANIZARES SCHETTINI SEABRA

Mestre em Administração. Especialista em Segurança Pública e Cidadania, Gestão de Crises e Inteligência Policial. Graduado em Matemática. Diplomado no Curso de Gestão de Recursos de Defesa (CGRD) pela Escola Superior de Guerra. Diplomado no Curso de Altos Estudos em Defesa (CAED) pela Escola Superior de Defesa. Já atuou como Diretor da Secretaria de Segurança Institucional do TRT 2ª Região e do TST. Desde 2020 atua como membro do Comitê Gestor de Segurança do Poder Judiciário. Secretário de Segurança do STF.

ANTONIO DONIZETE FERREIRA DA SILVA

Mestre em Direito. Especialista em Direito e Processo do Trabalho e em Gerenciamento de Crises. Graduado em Direito. Servidor do TRT da 2ª Região. Agente de Polícia Judicial.

RESUMO

A pesquisa trata da atividade de Inteligência e sua aplicação na Polícia Judicial e nos Núcleos de Pesquisa Patrimonial da Justiça do Trabalho. Objetiva investigar as aplicações da atividade de inteligência como promotora da independência da magistratura e também como ferramenta apta a acelerar as execuções trabalhistas. Como técnica de pesquisa utilizou-se da revisão bibliográfica e para a abordagem crítica elegeu-se o método dedutivo. A pesquisa revela que a atividade de Inteligência pode ser uma ferramenta apta a fornecer meios mais eficazes para as execuções e, por consequência, ao gerar maior eficiência, propicia de fato acesso à justiça no sentido material.

Palavras-chave: Inteligência. Patrimônio. Eficiência. Justiça do Trabalho.

1. INTRODUÇÃO

O presente estudo trata da atividade de Inteligência em sua relação direta com as ações da Polícia Judicial e dos Núcleos de Pesquisa Patrimonial da Justiça do Trabalho, sob a ótica do princípio da eficiência, partindo-se da premissa de que a atividade de Inteligência funciona como ferramenta essencial de assessoramento ao processo decisório em ambos os casos.

Atualmente, há uma grande disponibilidade e facilidade de acesso a informações pois, há décadas, o mundo passa por uma transformação estrutural baseada em um arquétipo tecnológico, diante do qual a quantidade de informação disponível multiplica-se de forma exponencial. A possibilidade de acesso a diversos tipos de dados, aliada à velocidade e à quebra de barreiras físicas franqueadas pelas tecnologias de informação e comunicação, traz diretas e reais transformações econômicas e sociais.

Nesse cenário, a Justiça do Trabalho busca desenvolver estratégias que permitam considerá-la uma instituição de excelência nas pacificações das relações de trabalho. Assim, a atividade de inteligência surge como paradigma no seio da Justiça Laboral, podendo ser uma ferramenta eficaz sob dois eixos: o primeiro, quanto à segurança promovida pela Polícia Judicial, como viés garantidor da independência, autonomia e imparcialidade da magistratura; o segundo, alinhado ao princípio da eficiência constitucional, de modo a ser um artífice vantajoso para acelerar execuções trabalhistas.

O Conselho Superior da Justiça do Trabalho, atento às mudanças sociais, positivou a norma que possibilita, em grande medida, a busca por uma efetiva e célere execução trabalhista, a Resolução CSJT GP nº 138/2014, que estabelece a criação dos Núcleos de Pesquisa Patrimonial no âmbito dos Tribunais Regionais do Trabalho. Desse ponto, vislumbra-se que a atividade de Inteligência pode ser utilizada como ferramenta de eficiência nas execuções trabalhistas.

Objetiva-se compreender e inter-relacionar os efeitos práticos do uso da atividade de Inteligência pelas Unidades de Polícia Judicial e pelos Núcleos de Pesquisa Patrimonial, especialmente na fase da execução processual.

Para desenvolver este estudo, no primeiro tópico abordam-se aspectos conceituais da atividade de Inteligência, de forma a apresentar conceitos históricos e principais possibilidades de emprego desta peculiar atividade.

No segundo tópico, foca-se na atividade de Inteligência realizada no âmbito da Polícia Judicial, evidenciando que o emprego desta pode promover ações de prevenção, oportunizando a segurança e autonomia de magistrados, e, por consequência, a independência do Judiciário.

O derradeiro ponto aborda as ações empreendidas pelos Núcleos de Pesquisa Patrimonial da Justiça do Trabalho. Este item, em especial, traz a atividade de Inteligência como instrumento de auxílio na concretização das execuções de processos trabalhistas.

Justifica-se a pesquisa, pois, segundo o Relatório do Conselho Nacional de Justiça, *Justiça em Números*, paira um "gargalo" sobre os indicadores atinentes à execução dos processos trabalhistas e, neste cenário, a atividade de inteligência surge como ferramenta apta a fornecer aos Núcleos de Pesquisa meios mais eficazes para a busca de patrimônios e, por conseguinte, dar cumprimento à sentença, ambicionando alcançar a eficiência administrativa e jurisdicional.

Para tanto, o trabalho, como técnica de pesquisa, utiliza-se de revisão bibliográfica e documental, sendo a pesquisa eminentemente de natureza qualitativa, buscando embasamento teórico e normativo, prioritariamente, nas Resoluções do Conselho Nacional de Justiça e do Conselho Superior da Justiça do Trabalho. A pesquisa documental encontra, ainda, sustentáculo nas informações do Diagnóstico da Segurança do Poder Judiciário e no Relatório *Justiça em Números*, ambos publicados pelo Conselho Nacional de Justiça.

A abordagem crítica utilizará preponderantemente o método dedutivo, e, no desenvolvimento do trabalho, no que se refere aos conceitos relativos à atividade de Inteligência, adota-se como referencial o ponto de vista de Marco Cepik, e, em relação aos aspectos da execução no processo do trabalho e os mecanismos para gerar maior eficiência, adota-se a perspectiva de Anna Gontijo, para, ao final, chegar-se a uma conclusão sobre a moderna noção de acesso à justiça no sentido material.

2. ATIVIDADE DE INTELIGÊNCIA: BREVE HISTÓRICO E CONCEITOS INICIAIS

A Inteligência apresenta duas facetas quando analisada fora do contexto das ciências cognitivas: uma ampla, outra específica. Na perspectiva ampla, inteligência é uma informação que chega a uma pessoa; é o tomar ciência de algo. Na visão da ciência da informação, inteligência é uma forma específica de reunir e promover um tratamento analítico diferenciado a uma informação básica, que, após o emprego de técnicas de análise de dados, somado à coleta e processamento adequados, a partir da informação básica, produz-se um conhecimento singular sobre dado assunto, com o propósito de assessorar um decisor.

Diante disso, pode-se dizer que, para o senso comum, inteligência seria algo como o simples "saber"; todavia, exercer a atividade de Inteligência seria algo mais técnico, com metodologia e processos próprios de análise da informação, que permitem ao tomador da decisão obter a solução mais assertiva. Nas palavras de Cepik (2003, p. 27), "inteligência é toda informação coletada, organizada ou analisada para atender as demandas de um tomador de decisões qualquer". No mesmo sentido comentou Kent (1967, p. 17):

> Inteligência como produto, conhecimento produzido: trata-se do resultado do processo de produção de conhecimento e que tem como cliente o tomador de decisão em diferentes níveis. Assim, o relatório/documento produzido com base em um processo que usa metodologia de inteligência também é chamado de inteligência. Inteligência é, portanto, conhecimento produzido.

Por diversas razões, a atividade de Inteligência ainda é vista, por parte da população, como meio de repressão envolta em uma "aura de secretismo". Acredita-se que tal estigma vem da interpretação dada ao termo "informações" durante os governos militares, principalmente após a criação do Serviço Nacional de Informações – SNI, com a função de "Superintender e coordenar, em todo território nacional, as atividades de informações e contrainformações, em particular as que interessem à Segurança Nacional". (Histórico do SNI - BRASIL, 2019)

Nessa toada, o Serviço Nacional de Informações – SNI assumiu grande parcela de poder e alta capacidade operacional. Essas características, aliadas à autonomia do SNI, trouxeram incredulidade em relação a essa atividade, conforme atesta Antunes (2002, p. 21-22):

> Emergiu de uma tentativa de acobertar e superar uma identidade deteriorada que havia se formado em torno da atividade de informações no regime militar, equivalente à repressão e violação dos direitos civis. No Brasil, assim como nos demais países do Cone Sul, existe uma forte desconfiança em relação a essa atividade, que decorre do perfil assumido por seus órgãos de informações durante o ciclo recente de regimes militares.

Com o fim dos governos militares e a ascensão do Regime Democrático, a inteligência inicia um processo de autocrítica e reavaliação, visando adequar-se aos novos contextos governamentais. Aspirando alinhar-se à nova realidade e revestir o serviço de uma nova aparência, substituiu-se a antiga terminologia – informações – pela expressão Inteligência. Para situar a Inteligência no processo de redemocratização, seria necessário extrair a expressão *informações* e atribuir-lhe nova roupagem, isentando-a de preconceito e legitimando-a perante a sociedade, conforme explorado por Feitoza (2011, p. 1.030):

> Presentemente, nos estados democráticos de direito, não se admite o uso da inteligência como instrumento de "polícia política" (em sentido clássico), aquela que combate os próprios cidadãos considerando como supostos dissidentes ou oposicionistas ao poder político do momento. A inteligência foi largamente empregada dessa forma, por exemplo, durante os regimes militares ('ditaduras'), na América Latina, sob a égide de "doutrinas de segurança nacional".

É necessário destacar que a atividade, até hoje, é muito importante e o que se questionava era o modo e o direcionamento dado ao conhecimento. Nesse cenário, ao buscar alinhamento com a realidade democrática, a Inteligência viveu, entre o período de 1990 a 1999, a denominada fase de transição.

Figura 1: Período de transição

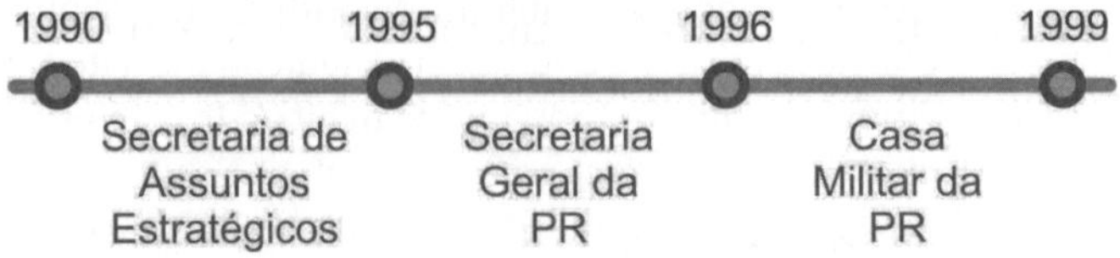

Fonte: Elaboração própria

Esse período caracterizou-se por imprecisões atinentes à remodelagem da atividade e a promoção de vários estudos para aproximar a Inteligência dos dilemas daquele tempo. Os estudiosos consideram essa fase a de maior incerteza da biografia deste serviço. Nessa conjuntura, não há como compreender as possibilidades de emprego da Inteligência sem conhecer sua história, pois isso pode deixar de trazer à tona os princípios e a importância desta atividade para a evolução das sociedades. Por isso, antes de adentrar na fase contemporânea, que se inicia em 1999 e perdura até a atualidade, é importante trazer à luz algumas evidências do uso desta ferramenta de assessoria desde os tempos mais antigos.

Em que pese a literatura nacional sobre Inteligência ser muito escassa, os poucos autores que se propõem a fazê-lo dialogam sobre este tema e trazem passagens bíblicas, de grande relevância, como os primeiros "registros" da atividade de Inteligência aplicada. Entre tais citações, trazidas aqui com a perspectiva histórica e não religiosa, temos o trecho no qual Josué, então sucessor de Moisés, ordena que dois espiões se infiltrem na cidade de Jericó: "Josué, filho de Nun, despachou de Setim secretamente dois espiões: Ide, disse-lhes ele, e examinai a terra e a cidade de Jericó. Em caminho, entraram em casa de uma prostituta chamada Raab, onde se alojaram" (Josué 2:1).

Nesse mesmo mote, a atividade de Inteligência ainda é citada quando Moisés, ao conduzir o povo hebreu à terra prometida, utilizou-se de homens para "espiar" a Terra de Canaã e trazer-lhe informações sobre diversos assuntos que pudessem assessorá-lo em sua tomada de decisão. Fregapani (2001, p. 13-14) destaca:

> (...) falou o Senhor a Moisés, dizendo: 'Envia homens que espiem a terra de Canaã, que Eu hei de dar aos filhos de Israel'. Enviou-os pois Moisés a espiar a terra de Canaã; e disse-lhes: 'Subi por aqui para a banda do sul, e subi a montanha; e vede que terra é, e o povo que nela habita; se é boa ou má e como

> são suas cidades, se arraiais ou fortalezas'. Retornando da missão, as pessoas dela incumbidas passaram a relatar os dados obtidos. E contaram-lhe e disseram: "Fomos à terra que nos enviastes; e verdadeiramente mana leite e mel, e este é o fruto. O povo, porém que habita a terra é poderoso e as cidades fortes e mui grandes".

Como técnica da atividade de Inteligência, a determinação de Moisés seria hoje chamada de "ordem de busca" e, assim como em diversos outros relatos bíblicos, pode-se extrair que a Inteligência foi, por muito tempo, uma ferramenta para se permitir ao decisor que obtivesse acesso ao conhecimento que o ajudasse na tomada de decisão.

Tal emprego da inteligência, pela análise histórica, não era prática somente do Ocidente. No Oriente, temos o exemplo da renomada obra *A Arte da Guerra*, de Sun Tzu, que também é rememorada por diversos autores. No compêndio de textos que versam sobre a pretérita época dos Estados guerreiros da China, traz em seu bojo um capítulo exclusivamente reservado sobre o assunto:

> Se um soberano iluminado e seu comandante obtêm a vitória sempre que entram em ação e alcançam feitos extraordinários, é porque eles detêm o conhecimento prévio e podem antever o desenrolar de uma guerra. (...) Este conhecimento prévio, no entanto, não pode ser obtido por meio de fantasmas e de espíritos, nem pode ser obtido com base em experiências análogas, muito menos ser deduzido com base em cálculos das posições do sol e da lua. Deve ser obtido das pessoas que, claramente, conhecem as situações do inimigo. (...) Há cinco tipos de espiões que podem ser utilizados: espião nativo, espião interno, espião convertido, espião descartável e espião indispensável. (TZU, s/d, capítulo XIII)

Após esse breve recuo histórico, voltamos à contemporaneidade para desvelar a Inteligência como ferramenta essencial no âmbito das instituições. Resumidamente, esta possui a incumbência de produzir conhecimento embasando-se em avaliações corretas, oportunas e aprofundadas para subsidiar um dado tomador de decisão.

A figura do profissional de Inteligência, por vezes romantizada, por outras criticada, passou a obter tratamento técnico adequado e, em 1999, por meio da promulgação da Lei nº 9.883, instituiu-se o Sistema

Brasileiro de Inteligência e criou-se a Agência Brasileira de Inteligência. Este ordenamento inaugura uma nova realidade da atividade em âmbito nacional e, dentre várias inovações, sobreleva-se o conceito que legitima a atuação da Inteligência no novo cenário político vivido:

> Entende-se como inteligência a atividade que objetiva a obtenção, análise e disseminação de conhecimentos dentro e fora do território nacional sobre fatos e situações de imediata ou potencial influência sobre o processo decisório e a ação governamental e sobre a salvaguarda e a segurança da sociedade e do Estado. (BRASIL, 1999)

Importante evidenciar que, em um primeiro momento, fizemos menção às ações de Inteligência vinculadas ao Poder Executivo; no entanto, pela importância estratégica depreendida, diversos órgãos, instituições e até empresas privadas, valem-se deste tipo de instrumento, como indica Vidigal (2004, p. 14):

> Para qualquer governo, é essencial a posse de informações que lhe permitam, no campo interno, identificar a existência de problemas que possam vir perturbar a ordem pública, a paz social ou prejudicar a economia, e, no campo externo, identificar as ameaças que possam se contrapor aos interesses nacionais.

Não somente os governos, mas organizações e instituições – com os tempo – passaram a compreender, assimilar e usar, em seus respectivos domínios de competência, ações de Inteligência em suas atividades-fim, asseverando a importância e a multifacetada característica dessa ferramenta estratégica, que possibilita o seu uso nos poderes Executivo, Legislativo e Judiciário, Ministério Público, Tribunal de Contas da União, entre outros.

No Ministério Público, por exemplo, os Grupos de Atuação Especial de Combate ao Crime Organizado – GAECO representam o embrião da atividade de Inteligência naquela instituição. No mesmo caminho, o Tribunal de Contas da União busca o fomento e formação das "redes de controle", que objetivam estabelecer parceria com diversos órgãos públicos, auxiliando na atividade de controle externo da Administração Pública, conforme lembra Pereira (2009, p. 79):

> O objetivo dessa rede é estabelecer parcerias com diversos órgãos públicos que atuam na investigação, na fiscalização e no controle da gestão pública, a exemplo da Polícia Federal, do Ministério Público, da Controladoria-Geral da União, Ministério da Fazenda, entre outros, visando ao intercâmbio de informações e documentos, com vistas a otimizar os esforços e a conferir maior efetividade às ações de controle externo a cargo do Tribunal.

No Poder Judiciário, desde 2007, há várias menções, em diversos normativos, sobre ações de Inteligência. No entanto, elas são vagas e apenas informam que os inspetores e agentes de segurança devem se capacitar nesta matéria, não havendo referência sobre conceitos, definições e emprego. Nessa toada, em 2016, o CNJ inaugurou a formulação e conceituação da Inteligência da justiça:

> (...) o exercício permanente e sistemático de ações especializadas para identificar, avaliar e acompanhar ameaças reais ou potenciais aos ativos do Poder Judiciário, orientadas para a produção e salvaguarda de conhecimentos necessários ao processo decisório no âmbito da Segurança Institucional do Poder Judiciário.

Ao partir deste breve resgate histórico, chegando aos dias atuais, independentemente da perspectiva que se adote, concluir-se-á que a atividade de Inteligência tem seu valor estratégico para uma organização e, no caso da justiça, destaca-se que a Inteligência atua, no âmbito da Polícia Judicial, com o propósito de identificar, avaliar e acompanhar ameaças reais ou potenciais contra os ativos do Poder Judiciário. Posto isso, aduz-se que, além das atividades de assessoramento ao poder decisório, a Inteligência busca meios eficientes de proteger magistrados, servidores e demais atores e ativos institucionais, haja vista a mudança de perfil da criminalidade incutida na sociedade e o aumento de registros, com frequência cada vez maior e preocupante, de casos de ameaças e atentados contra juízes e tribunais no Brasil.

3. INTELIGÊNCIA DA POLÍCIA JUDICIAL: AÇÃO GARANTIDORA DA SEGURANÇA E INDEPENDÊNCIA DA MAGISTRATURA

A atividade de segurança institucional, desempenhada pela Polícia Judicial, há muito deixou de ser uma atribuição secundária dentro da estrutura organizacional dos tribunais. Atualmente, diante do cenário de violência urbana, associada à criminalidade organizada e à desestruturação das relações humanas, não se concebe deixar de considerar as ações de segurança institucional para a tomada das mais variadas decisões, principalmente dentro do Poder Judiciário, pois magistrados e servidores, no exercício de suas funções, podem ficar expostos a riscos ou sofrer ameaças.

Para propiciar a sensação de segurança necessária aos magistrados, servidores e jurisdicionados, os tribunais contam com a atuação da Polícia Judicial. Tal atuação permeia o exercício de segurança das áreas e instalações, policiamento nas adjacências das unidades judiciais, segurança das autoridades, auxílio aos oficiais de justiça no cumprimento de atos judiciais e o assessoramento da administração do tribunal, valendo-se, para tanto, de conhecimentos produzidos pelas Unidades de Inteligência. Na matéria das atribuições da segurança judiciária, o Conselho Superior da Justiça do Trabalho, em 2016, debutou esta temática com a edição da Resolução CSJT nº 175, norma esta paradigmática no seio da segurança da Justiça do Trabalho.

Em suma, a segurança institucional é uma atividade que engloba um conjunto de ações visando à proteção e à salvaguarda do órgão e de seus integrantes, que visam a neutralizar as ameaças protagonizadas por atores hostis, eventos da natureza antagônica e qualquer outro fato ou situação que atente contra os ativos institucionais. Diante desse cenário, as Unidades de Inteligência da Polícia Judicial surgem como recurso imprescindível no cumprimento da missão da segurança institucional, conforme disposto na Resolução CNJ nº 239/2016:

> Art. 2º A Segurança Institucional do Poder Judiciário tem como missão promover as condições precípuas de segurança a fim de possibilitar aos magistrados e servidores da Justiça o pleno exercício de suas atribuições, e disponibilizar à sociedade brasileira uma efetiva prestação jurisdicional.

Do exposto, da manutenção da paz institucional à imparcialidade do magistrado e sua livre persuasão racional, só podem estar garantidos quando, neste cenário complexo de violência e atentados à magistratura nacional, não haja formas de coerção contra a justiça.

A segurança é condição *sine qua non* para que os magistrados exerçam seu mister com a imparcialidade necessária, tanto que essa premissa consta, desde 1985, na Resolução nº 40/1932 da ONU, na qual a Assembleia Geral das Nações Unidas endossou os princípios básicos relativos à independência da magistratura, ressaltando que:

> Os juízes devem decidir todos os casos que lhes sejam submetidos com imparcialidade, baseando-se nos fatos e em conformidade com a lei, sem quaisquer restrições e sem quaisquer outras influências, aliciamentos, pressões, ameaças ou intromissões indevidas, sejam diretas ou indiretas, de qualquer setor ou por qualquer motivo. (NAÇÕES UNIDAS, 1985)

Assim sendo, para que as ações da Polícia Judicial possam estar lastreadas por subsídios oportunos, é imperioso que as suas Unidades de Inteligência conheçam os riscos e as ameaças, reais ou potenciais, contra os ativos do Poder Judiciário.

A produção de conhecimento permite que a justiça possa, de forma antecipada, tomar decisões, alocar recursos e, por conseguinte, avaliar cenários que possam desestabilizar a instituição. Nesse contexto, para que o conhecimento possa ser produzido, é imprescindível que haja coleta e processamento de dados no âmbito dos tribunais, por meio de profissionais qualificados e cônscios da vinculação de seus propósitos com a missão da instituição.

Com alicerce no Diagnóstico de Segurança Institucional do Conselho Nacional de Justiça, pode-se observar que, dos 116 órgãos participantes da pesquisa, 46 responderam que realizam coleta e processamento de dados. Isto é, 40% dos respondentes realizam ações deste gênero.

Ainda sobre esta temática, a tabela extraída do documento elaborado pelo Conselho permitiu que avaliássemos a atuação de cada ramo da justiça no quesito "coleta e processamento de dados", de forma que, dos 24 Regionais do Trabalho, somente 10 tribunais praticam a coleta e processamento de dados atinentes à segurança institucional.

A metodologia do Diagnóstico realizado pelo CNJ, visou, por meio de questionário específico, identificar a atual situação da segurança institucional do Poder Judiciário e, norteando-se pelos dados obtidos, propor a modernização qualitativa das atividades de segurança institucional e de Inteligência.

Nesse passo, em março de 2016, 118 órgãos, abrangendo quatro Tribunais Superiores (STJ, TST, TSE, STM), um Conselho (CJF), 27 Tribunais de Justiça, 5 Tribunais Regionais Federais, 27 Seções Judiciárias, 24 Tribunais Regionais do Trabalho, 27 Tribunais Regionais Eleitorais e 3 Tribunais de Justiça Militar receberam o questionário com diversas questões e, apesar da completude da análise realizada pelo Conselho Nacional de Justiça, destaca-se que a atividade de Inteligência, enquanto ferramenta de salvaguarda institucional, felizmente tem sido cada vez mais utilizada, consoante observado nas tabelas extraídas do diagnóstico.

Tabela 1: Órgãos que realizam coleta e processamento de dados referentes à segurança institucional

Justiça	*Total*	*Sim*	*Sim (%)*	*Não*	*Não (%)*
Eleitoral	25	8	32,0%	17	68,0%
Estadual	27	18	66,7%	9	33,3%
Federal	33	7	21,2%	26	78,8%
Militar	3	2	66,7%	1	33,3%
Superiores	4	1	25,0%	3	65,0%
Trabalho	24	10	41,7%	14	58,3%
Poder Judiciário (Total)	116	46	39,7%	70	60,3%

FONTE: Diagnóstico da Segurança Institucional do Poder Judiciário, 2016a.

Avaliando os percentuais evidenciados, esquadrinhou-se que, nos casos gerais, e especificamente na Justiça do Trabalho, a média percentual de tribunais que praticam a atividade de Inteligência de Segurança Institucional é de 40%. Em um primeiro momento, pode-se concluir que este seria um número com pouca expressividade, dado o cenário de atual violência. Contudo, ressalta-se que, pelo histórico debatido, a Inteligência é algo novo no Judiciário e que, aos poucos, vem desconstruindo a imagem estigmatizada do passado. Por esses motivos, considera-se relevante o percentual apresentado no estudo.

Ainda sobre a Inteligência ser matéria surgenta no seio da justiça, o diagnóstico manifesta a falta de metodologia na coleta e processamento de dados, ficando prejudicada a uniformização dos procedimentos, conforme deduzido pela análise do esquema abaixo:

Figura 2: Metodologia na coleta e processamento de dados referentes à segurança institucional

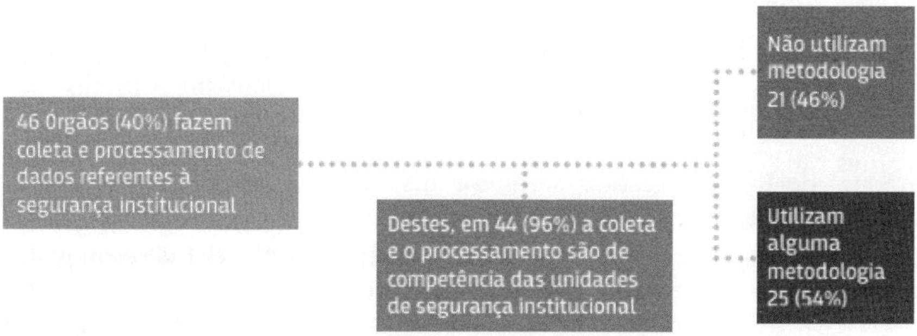

Fonte: Diagnóstico da Segurança Institucional do Poder Judiciário, 2016a.

É importante destacar que a estruturação do exercício da atividade de Inteligência, dentro dos tribunais, permite, de forma direta, a proteção ao patrimônio material e imaterial da instituição. De forma gradual, a antecipação de eventos, a identificação de ameaças, as ações voltadas ao planejamento e as medidas precursoras tornar-se-ão algumas das práticas de Inteligência promotoras da segurança institucional e, em grande medida, garantidora da independência da magistratura. Assim, o desígnio é que, em pouco tempo, passará a ser rotina em todos os tribunais brasileiros a utilização da Inteligência como estratégia de cumprimento da missão institucional.

Potencializar a atividade de Inteligência como meio eficaz de produção de conhecimentos, no domínio do Poder Judiciário, permitirá maior eficiência na prestação jurisdicional, tornando-a mais célere e efetiva. Em um cenário social complexo, é imprescindível que a segurança institucional seja fortalecida e reconhecida como ferramenta estratégica de proteção e salvaguarda dos tribunais.

Nesse sentido, Gonçalves (2010, p. 101-102) ensina que:

> Desde que o homem se organiza em sociedade e estabeleceu relações de poder, tem havido a necessidade de se conhecer melhor sobre o outro. Na introdução a esta obra, foi dito que conhecimento é poder. Se o homem é um animal político, a política e o poder estão imbricados. E não se pode falar em poder sem inteligência. (...) Difícil é discordar que a atividade de inteligência é imprescindível em qualquer democracia, sobretudo diante das transformações internacionais das últimas décadas e do advento das chamadas "novas ameaças".

Essa atividade é uma realidade nas diversas cepas de atuação, servindo como matéria essencial nos contextos nos quais seja melhor conhecer para melhor decidir. Dito isso, não é de se estranhar que a Inteligência possa ser utilizada em todos os ramos da justiça, tal como descrito por Nunes (2017, p. 115):

> Cabe destacar que a inteligência do Poder Judiciário poderá atuar no assessoramento de seus usuários (decisores), não somente na segurança institucional, mas também em outras áreas desse Poder, principalmente em nível estratégico. Com informações adequadas, bem trabalhadas e com uma metodologia específica, qualquer gestor terá superioridade estratégica na sua tomada de decisão, seja na área administrativa ou operacional, com base em prospecções de cenários, podendo até determinar os rumos a serem seguidos.

A atividade de Inteligência mostra-se como importante ferramenta de segurança e independência da magistratura, principalmente em um cenário onde há o recrudescimento da criminalidade organizada, em que há desigualdades sociais e uma decisão judicial pode ser a motivação para atos de violência. Antecipar e proteger o Judiciário deste tipo de evento requer ações complexas que perpassam necessariamente pela inovação do enfoque de sua atuação, que deve ser voltada para a especialização em Inteligência.

4. INTELIGÊNCIA: FERRAMENTA DE EFICIÊNCIA NO PROCESSO DO TRABALHO

As últimas décadas do século XX e início do século XXI conheceram grandes crises sociais, políticas e econômicas em todo o mundo. No Brasil, o declínio da economia, aumento da pobreza e demais mazelas sociais se fizeram presentes. Desta feita, visando a minimizar tais efeitos, começa-se a esquadrinhar um novo modelo de Estado, ou seja, uma forma de atuação e de gestão da coisa pública que só seria alcançada com a modernização da administração que, até então, se baseava na fragilidade da Teoria Clássica e das Relações Humanas, que não possuíam uma abordagem global e sistêmica, sendo contraditórias em diversos pontos.

Em resposta a esses anseios, desenvolveu-se, no âmbito da Administração Pública, a teoria da burocracia de Max Weber (1864-1920) que, segundo Motta (1981, p. 7), "hierarquicamente organizado, que deve agir segundo critérios impessoais e métodos racionais".

Com o tempo, principalmente por conta do maciço emprego de novas tecnologias de comunicação e com uma sociedade cada vez mais interligada, o modelo burocrático de Weber começa a se mostrar ineficiente, como atesta Batista Júnior (2004, p. 70):

> Se o modelo burocrático privilegia o procedimento para que se possa assegurar os direitos individuais e evitar a corrupção e a prevalência dos interesses privados, passou-se a exigir uma AP orientada para os resultados, que, além de cumprir aquele desiderato, pudesse orientar-se pelo cidadão e que prevenisse os desvios aprioristicamente, e não que se concentrasse em corrigir faltas após ocorrida já a lesão do interesse público. Se as burocracias resultantes, mantidas com um desenho dissonante das novas exigências do Estado Social, tendem a ser autorreferentes e, por vezes, além de se pautarem por seus próprios interesses, buscam, primariamente, a afirmação do poder do Estado sobre os cidadãos, o Estado Social (eficiente) exige uma nova AP orientada para o cidadão, que produza bons resultados para a coletividade, enfim, que busque o bem comum.

Nessa toada, na perspectiva apresentada, a sociedade se vê impelida a pressionar as organizações públicas em busca da eficiência dos serviços prestados ao povo. Aperfeiçoar as ações estatais dando azo aos anseios da sociedade, torna-se uma realidade em um regime de direito, em que os quereres coletivos não podem ser ignorados. Segundo o princípio da eficiência, a Administração Pública não deve desempenhar o seu papel apenas com legalidade, mas, fundamentalmente, trazer resultados positivos para o serviço público, em que haja satisfatório atendimento das necessidades da sociedade.

Dessarte, buscando a melhora dos serviços públicos, por meio da reforma administrativa do Estado brasileiro, a Emenda Constitucional nº 19/98 foi promulgada introduzindo em nosso ordenamento jurídico o Princípio da Eficiência, incorporando alguns elementos do modelo de administração gerencial no serviço público.

Seguindo esta lógica, Machado (2006, p. 53) proclama que: "O administrador público precisa ser eficiente, ou seja, deve ser o que produz o efeito desejado, que dá bom resultado, exercendo suas atividades sob o manto da igualdade de todos perante a lei, velando pela objetividade e imparcialidade."

De certo que em um Estado Democrático de Direito todo o poder emana do povo, os serviços públicos só podem convergir para um único destino: o interesse público. Assim, entende-se que a eficiência é um corolário natural dos demais princípios, como nos elucida Martins (2006. p. 31):

> Não há como estudar o Estado de Direito sem que tenha ele sede, alicerce na eficiência, requisito exigido pela sociedade para que sejam os cidadãos servidos pelo governo e não o governo pelos cidadãos. Em outras palavras, como os recursos do Estado não são do governo, mas da sociedade, o que se torna um imperativo é que a administração seja eficiente. Por esta razão, sempre entendi que o Princípio da Eficiência é um corolário natural dos demais princípios e que já estava previsto, como princípio implícito, no texto original da Constituição de 1988, assim como em todos os demais textos constitucionais anteriores.

Nesse sentido, defender que tal movimento constitucional almejou dar à população a oportunidade de receber uma administração desburocratizada, rápida, com qualidade, imparcialidade e transparência na entrega da sua atividade-fim, e, no caso do Judiciário, Marco e Medeiros

(2016, p. 365) lembram ainda que: "Trata-se de um conjunto de deveres-poderes imposto ao Poder Judiciário visando à satisfação das necessidades e interesses públicos, ou seja, para que a entrega da tutela jurisdicional seja efetuada dentro de um tempo célere."

Balizado por este contexto, o Judiciário, por simetria, deveria adequar-se a este novo paradigma constitucional, pelo qual a justiça deveria assegurar, à sociedade, a entrega de uma prestação jurisdicional desembaraçada e célere.

Desde a edição da Constituição Federal - CF de 1988, esta recebeu mais de uma centena de emendas em seu texto original. Nesse sentido, destacou-se, no âmbito da justiça, a Emenda Constitucional nº 45, de dezembro de 2004, pois esta trouxe, entre outras coisas, o paradigma de maior eficiência e transparência ao sistema judiciário brasileiro. Nessa dinâmica, alinhada ao pensamento de entregar à sociedade brasileira uma melhor prestação jurisdicional, tal instituto criou o Conselho Nacional de Justiça - CNJ.

Constitucionalmente, o Conselho é o órgão responsável pelo controle da atuação administrativa e financeira do Poder Judiciário e do cumprimento dos deveres funcionais dos juízes. Dentro dessa realidade cresce a necessidade de avaliar-se o desempenho da justiça brasileira, de tal forma que, a partir de 2004 o CNJ, por meio do relatório intitulado *Justiça em Números*, apresenta estatísticas abrangentes sobre diversas áreas do Poder Judiciário, no intuito de mensurar a eficiência e a eficácia de sua atuação.

Com base nesse documento, partindo de métricas objetivas, pôde-se observar que a justiça, no final do ano de 2017, contava com um acervo de 80,1 milhões de processos pendentes. Desse quantitativo, mais da metade desses processos (53%) se referia à fase de execução. Ainda sobre o quantitativo de processos pendentes, o relatório *Justiça em Números*, no item "Gargalos da Execução", permite-nos fazer uma avaliação pormenorizada, por ramo da justiça, dos casos pendentes na fase de execução.

Assentado nos dados constantes do relatório *Justiça em Números*, bem como nos objetivos de atuação dos Núcleos de Pesquisa Patrimonial, é correto afirmar que a criação dessas unidades atua como instrumento crível para a diminuição dos litígios que estejam em fase de execução.

Ainda sobre as estatísticas compulsadas no relatório, sobretudo aquelas constantes do gráfico abaixo, distingue-se que grande porcentagem processual, nos regionais do trabalho, está pendente na fase de execução. Desta perspectiva, infere-se que a especialização de magistrados e servidores em capacitações voltadas para a atividade de Inteligência permitirá a otimização do trabalho e, como resultado, a redução dos "gargalos" nessa fase do processo.

Figura 3: Percentual de casos pendentes de execução em relação ao estoque total de processos, por Tribunal, em 2017.

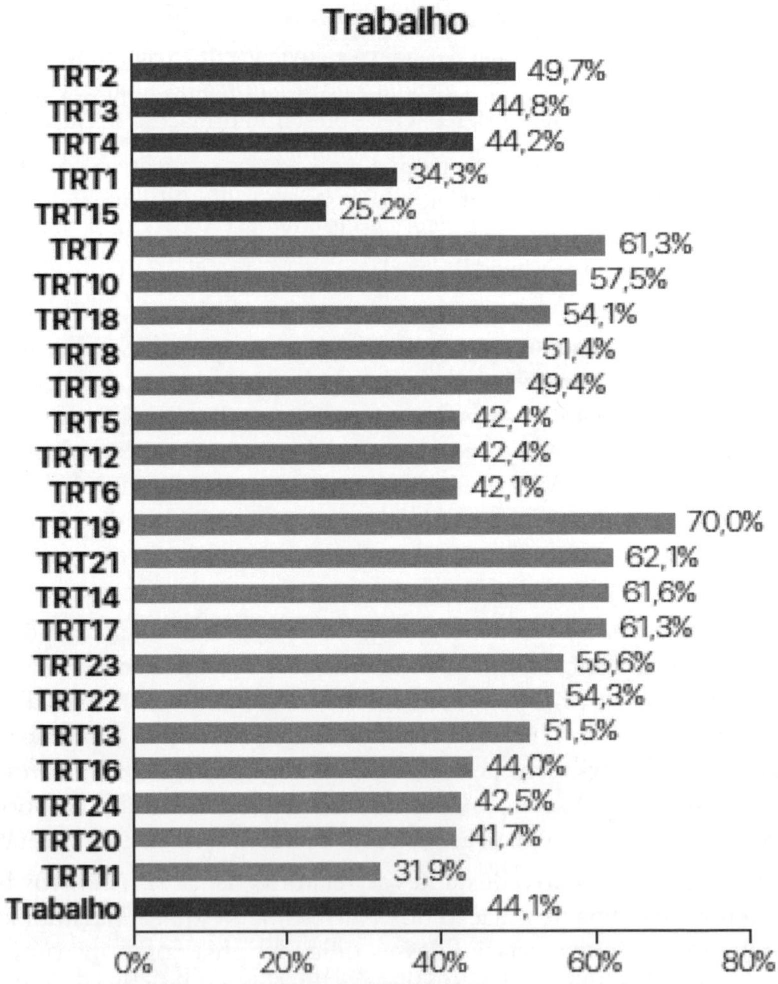

Fonte: CNJ, 2019.

O Conselho Superior da Justiça do Trabalho, por meio da Resolução GP nº 138, de junho de 2014, passou a dispor sobre o estabelecimento de Núcleos de Pesquisa Patrimonial no âmbito dos Tribunais Regionais do Trabalho, definindo os objetivos de atuação dessas estruturas, destacando que a criação dessas unidades está alinhada aos vetores constitucionais da efetividade jurisdicional, celeridade processual e eficiência administrativa, tencionando a redução da taxa de processos na fase da execução. Para tal, os Núcleos de Pesquisa Patrimonial possuem as seguintes competências:

> Art. 2º Compete ao Núcleo de Pesquisa Patrimonial, órgão jurisdicional de apoio à efetividade da execução trabalhista: I. *promover a identificação de patrimônio* a fim de garantir a execução; II. requerer e prestar informações aos Juízos referentes aos devedores contumazes;
>
> III. *propor convênios* e parcerias entre instituições públicas, como *fonte de informação de dados* cadastrais ou cooperação técnica, que facilitem e auxiliem a execução, além daqueles já firmados por órgãos judiciais superiores; IV. recepcionar e examinar denúncias, sugestões e propostas de diligências, fraudes e outros ilícitos, sem prejuízo da competência das Varas; V. *atribuir a executantes de mandados a coleta de dados e outras diligências de inteligência*; VI. elaborar estudos sobre técnicas de pesquisa, investigação e avaliação de dados, bem como sobre mecanismos e procedimentos de prevenção, obstrução, detecção e de neutralização de fraudes à execução.

Do excerto da norma, torna-se inconteste que os Núcleos de Pesquisa Patrimonial valem-se da atividade de Inteligência para executarem suas atribuições, seja na detecção de fraudes, ações de pesquisa e investigação ou mesmo na formação de redes de informações derivadas de convênios, parcerias ou cooperação técnica entre instituições públicas. Nas palavras de Gontijo (2017,p. 149), "(...) não se pode olvidar de que as novas ferramentas trouxeram mais opções ao Judiciário, bem como maior celeridade em se encontrar bens passíveis de garantir o débito trabalhista".

O principal mote dessas unidades reside em auxiliar os juízes do traba- lho na localização de bens passíveis de penhora para o pagamento de dívidas, principalmente aqueles que estejam sendo blindados por algum tipo de fraude, para tanto, a atividade de Inteligência, com suas técnicas e métodos, seria fundamental, como explica Gontijo (2017, p. 148):

> A evolução das ferramentas de execução e de pesquisa, que vieram para substituir o velho uso de ofícios e a busca incessante dos oficiais de justiça por patrimônio ocultado pelas partes, tem auxiliado de forma nunca antes experimentada pelo Judiciário, não só no âmbito trabalhista, mas também na justiça comum, como, por exemplo, na descoberta de crimes envolvendo transações financeiras.

Nesse contexto, a literatura existente enumera algumas das fraudes mais usuais, entre elas estão: a ocultação de patrimônio por meio da transferência de bens para pessoas jurídicas controladas por sócios "*holding* familiar"; utilização de "sócios laranjas", desprovidos de patrimônio; constituição de empresas *offshore*, visando dificultar a incidência das normas pátrias. Note-se que não se trata de investigação com a finalidade de prova, mas, sim, de localização para que seja realizada a constrição dos bens para garantir o juízo.

No combate a essas fraudes, o juiz, para identificar bens passíveis de penhora, pode valer-se de diversas ferramentas *on-line*, como, por exemplo, o Bacen Jud, relativo ao sistema financeiro; o Rena Jud, que permite a consulta de veículos; o Infoseg, que possui informações relativas à segurança pública; e o Simba, que monitora movimentações financeiras.

5. CONCLUSÃO

A pesquisa revelou que desde os primórdios da vida em sociedade há registros de que a atividade de Inteligência foi utilizada como ferramenta de assessoramento a alguma espécie de poder decisor. Com o tempo, mesmo passando por períodos conturbados da história político-social, tem-se que com a redemocratização do Estado a atividade se aprimorou e passou a contar com nova roupagem, deixando de ser pejorativamente estigmatizada.

Com o avanço qualitativo dos debates sobre o papel e a essência da Inteligência, paulatinamente a atividade tem ganhado novos contornos, o que permite concluir que, com as técnicas e métodos adequados, a Inteligência revela-se um importante mecanismo de estratégia institucional.

Quando se avalia a eficiência da prestação jurisdicional como meta institucional, com base no estudo, nota-se que a atividade de Inteligência pode ser utilizada diretamente nas execuções dos processos trabalhistas, seja desvelando fraudes, localizando bens passíveis de penhora, promovendo a segurança dos oficiais de justiça e de autoridades, entre outros. Além disso, pode a Inteligência atuar na proteção e segurança de magistrados, o que, em grande medida, revela-se como garantia da própria independência do Judiciário.

No cenário social atual, onde a sofisticação tecnológica e a informação circulam de forma rápida e incomensurável por meio de diversas mídias, permitir a tomada de decisões de modo mais assertivo e célere é questão de necessidade. No campo da justiça, entregar ao jurisdicionado uma sentença sem a garantia do bem da vida é o mesmo que não fazer justiça, ao menos no sentido material; por isso, fomentar meios de alcance do fim qualitativo de um processo de execução é também essencial. Portanto, a atividade de Inteligência deve ser uma política institucional do Poder Judiciário.

À vista do exposto, não só para atender a questões próprias da segurança institucional, mas também para promover justiça no sentido material, a estruturação e o emprego adequados da atividade de Inteligência são fundamentais para a produção, análise e difusão do conhecimento e, em sentido mais amplo, do próprio acesso à justiça.

6. REFERÊNCIAS

ANTUNES, Priscila Carlos Brandão. **SNI & ABIN:** uma leitura da atuação dos serviços secretos brasileiros ao longo do século XX. Rio de Janeiro: FGV, 2002.

BATISTA Jr., Onofre Alves. **Princípio constitucional da eficiência administrativa.** Belo Horizonte: Mandamentos, 2004.

BÍBLIA. Português. **Bíblia Sagrada:** Antigo Testamento, Josué 2,1. Disponível em: http://www. bibliacatolica.com.br. Acesso em: 20 ago. 2018.

BRASIL. Agência Brasileira de Inteligência. **Histórico do SNI.** Disponível em: http://www. abin.gov.br/institucional/historico/1964-servico-nacional-de-informacoes-sni/. Acesso em: 15 abr. 2019.

____. Presidência da República. Lei nº 9.883, de 7 de dezembro de 1999. Institui o Sistema Brasileiro de Inteligência, cria a Agência Brasileira de Inteligência (Abin), e dá outras providências. **Diário Oficial da República Federativa do Brasil,** Poder Executivo, Brasília, DF, 8 dez. 1999. p. 1. Disponível em: http://www.planalto.gov.br/ccivil_03/leis/L9883.htm. Acesso em: 30 jun. 2017.

____. **Resolução CSJT GP nº 138, de 24 de junho de 2014.** Republicada em cumprimento ao art. 19 da Resolução CSJT nº 174, de 30 de setembro de 2016. Dispõe sobre o estabelecimento de Núcleos de Pesquisa Patrimonial no âmbito dos Tribunais Regionais do Trabalho, define objetivos de atuação e dá outras providências.

CAMARGO, Francielle; GUIMARÃES, Klicia. O princípio da eficiência na gestão pública. **Revista CEPPG-CESUC – Centro de Ensino Superior de Catalão,** ano XVI, n. 28, 2013.

CEPIK, Marco A. C. **Espionagem e democracia:** agilidade e transparência como dilemas na institucionalização de serviços de inteligência. Rio de Janeiro: FGV, 2003.

CONSELHO NACIONAL DE JUSTIÇA. **Diagnóstico da segurança institucional do Poder Judiciário.** Relatório do grupo de trabalho para desenvolvimento de estudo visando propor normativo de Segurança Institucional do Poder Judiciário. Brasília, jun. 2016a.

____. **Justiça em números – 2016.** Ano-base 2015. Brasília: CNJ, 2016. Disponível em: http:// www.cnj.jus.br/programas-e-acoes/pj-justica-em-numeros. Acesso em: 8 maio 2019.

_____. **Justiça pesquisa.** Fundação Getulio Vargas (FGV) a pedido do Conselho Nacional de Justiça (CNJ). Disponível em: http://www.cnj.jus.br/noticias/cnj/85610-pje-juiz-decide-mais- rapido-em-processo-eletronico--diz-estudo. Acesso em: 30 nov. 2017.

_____. Resolução nº 239, de 6 de setembro de 2016b. Dispõe sobre a Política Nacional de Segurança do Poder Judiciário. **Diário de Justiça Eletrônico,** Poder Judiciário, Brasília, DF, 9 set. 2016. p. 9-10. Disponível em: http://www.cnj.jus.br/atos-normativos?documento=2340. Acesso em: set. 2018.

FREGAPANI, Gelio. **Segredos da espionagem.** Brasília: Thesaurus, 2001.

GONÇALVES, Joanisval Brito. **Atividade de inteligência e legislação correlata.** Niterói: Impetus, 2010.

GONTIJO, Anna Carolina Marques. A reforma trabalhista e o fim da execução de ofício pelo juiz como regra geral: efeitos. **Revista Tribunal Regional do Trabalho da 3ª Região,** Belo Horizonte, Edição Especial, p. 143-152, nov. 2017.

KENT, Sherman. **Informações estratégicas (Strategic Intelligence for American world policy).** Trad. Coronel Hélio Freire. Rio de Janeiro: Biblioteca do Exército, 1967.

MARTINS, Ives Gandra da Silva (Coord.). **Princípio da eficiência em matéria tributária.** São Paulo: RT, 2006.

MOTTA, Fernando C. Prestes. **O que é burocracia.** 3. ed. São Paulo: Brasiliense, 1981.

NAÇÕES UNIDAS. **Princípios básicos relativos à independência da magistratura.** Sétimo Congresso das Nações Unidas para a Prevenção do Crime e o Tratamento dos Delinquentes, realizado em Milão de 26 de agosto a 6 de setembro de 1985 e endossados pela Assembleia Geral das Nações Unidas nas suas Resoluções 40/32, de 29 e novembro de 1985, e 40/146, de 13 de dezembro de 1985. Disponível em: http://gddc.ministeriopublico.pt/sites/default/files/ princbasicos-magistratura.pdf. Acesso em: 28 jun. 2018.

NUNES, Alexandre Magno de Souza. A importância da atividade de inteligência no Poder Judiciário frente às ações da segurança institucional: perspectivas de aplicação da Resolução 239/2016 do Conselho Nacional de Justiça – CNJ. **Revista da ESMAM,** São Luís, v. 11, n. 11, p. 98-117, jan/jun. 2017. Disponível em: https://revistaesmam.tjma.jus.br/index.php/esmam/article/view/68/57. Acesso em: 20 abr. 2019.

PACHECO, Denilson F. Atividades de inteligência no Ministério Público. In: **Congresso Nacional do Ministério Público.** Belo Horizonte: Associação Nacional dos Membros do Ministério Público/Associação Mineira do Ministério Público, p. 631-649, 2006.

_____. Operações de inteligência, ações de busca e técnicas operacionais como provas. In: PACHECO, Denilson F. **Direito processual penal:** teoria, crítica e práxis. 8. ed. Niterói: Impetus, 2011. p. 1.028-1.053.

PEREIRA, Cláudia Vieira. **A atividade de inteligência como instrumento de eficiência no exercício do controle externo pelo Tribunal de Contas da União.** Monografia apresentada ao Curso de Pós-Graduação *Lato Sensu* de Especialização em Inteligência de Estado e Inteligência de Segurança Pública com Inteligência Competitiva, oferecido pela Escola Superior do Ministério Público de Minas Gerais em parceria com o Centro Universitário Newton Paiva, como requisito parcial à obtenção do título de Especialista em Inteligência de Estado e Inteligência de Segurança Pública com Inteligência Competitiva. Belo Horizonte: Centro Universitário Newton Paiva, 2009.

TZU, Sun. **A arte da guerra.** Capítulo XIII, O uso de espiões. Domínio Público, s/d. Disponível em: http://www.dominiopublico.es/libros/T/Sun_Tzu/Sun%20Tzu%20-%20A%20Arte%20 da%20Guerra.htm. Acesso em: 20 ago. 2018.

VIDIGAL, Armando Amorim Ferreira. Inteligência e interesses nacionais. **III Encontro de Estudos:** desafio para a atividade de inteligência no século XXI, p. 5-50. Brasília: Gabinete de Segurança Institucional, 2004. Disponível em: http://www.biblioteca.presidencia.gov.br/pre- sidencia/dilma-vana-rousseff/publicacoes/orgao-essenciais/gabinete-de-segurança-institucional/secretaria-de-acompanhamento-de-estudos-institucionais/iii-encontro-de-estudos-desafios-para- a-atividade-de-inteligência-no-seculo-xxi/view. Acesso em: 20 abr. 2019.

A atividade de Inteligência da Polícia Judicial acaba por preservar não só o erário como também os bens intangíveis, pois a vida de pessoas e a imagem do Judiciário, embora imensuráveis, são ativos institucionais.

A INTELIGÊNCIA DA POLÍCIA JUDICIAL COMO INSTRUMENTO DE GESTÃO VOLTADO PARA A EFICIÊNCIA NA GARANTIA DA ATIVIDADE JURISDICIONAL: A EXPERIÊNCIA DO TRT DA 1ª REGIÃO

THIAGO DE BRITO PEREIRA LIMA

Pós-graduado em Direito Administrativo pela Universidade Internacional Signorelli - RJ. Com formação em Inteligência pela Escola de Inteligência de Segurança Pública do Estado do Rio de Janeiro (ESISPERJ). Bacharel em Sistemas de Informação e Engenharia de Sistemas pela Universidade Estácio de Sá (UNESA). Agente de Polícia Judicial.

ELIAS NAZARENO STORANI JÚNIOR

Pós-graduado em Segurança Pública pela Universidade Unyleya - Brasília. Curso de Inteligência pela Academia de Polícia Civil Silvio Terra do Estado Rio de Janeiro. Curso de Inteligência Penitenciária da Polícia Penal/RJ. Bacharel em Direto. Agente de Polícia Judicial.

RESUMO

Ao identificar e traçar a linha do tempo da atividade de Inteligência no Brasil, o estudo demonstra que ela não consiste em um braço do Estado opressor, mas sim em uma ferramenta de gestão eficiente e econômica. Em seguida, descreve os princípios que são objeto de análise, com enfoque na economia de meios e na independência do Poder Judiciário. Indica como a produção de conhecimento pode ajudar o tomador de decisão, tanto em nível estratégico quanto nos demais níveis de assessoramento, para a racionalização de recursos, tempo e mão-de-obra. A seguir, apresenta a metodologia utilizada para aferir a aplicação e seus resultados. Fez-se uso da técnica de pesquisa de revisão bibliográfica sistemática qualitativa, e como avaliação crítica usou-se o método hipotético-dedutivo.

Palavras-chave: Inteligência. Eficiência. Economicidade. Gestão. Processo Decisório.

1. INTRODUÇÃO

O objetivo do presente trabalho é mostrar como a atividade de Inteligência da Polícia Judicial pode e deve ser utilizada como ferramenta de gestão pelos tribunais de todo o País, produzindo conhecimento para assessorar os gestores a decidirem de forma mais técnica, norteados pelos princípios da administração pública; adjutorando a tomada de decisão e consequentemente reduzindo os riscos para o interesse público.

A Inteligência, em qualquer nível de atuação, possui como meta precípua a perfeita captura da realidade e a constante identificação de oportunidades e ameaças, minimizando incertezas e presunções. Nesse sentido, pretende-se com este trabalho demonstrar que a atividade de Inteligência pode ser utilizada não só em nível tático e operacional, mas também em nível estratégico, pois tal atividade é muito mais do que um setor de informações, trata-se de um sistema de produção de conhecimento. Para tanto, os autores utilizaram como metodologia a pesquisa de campo perante outros tribunais e fundamentos doutrinários na literatura especializada. Como referencial teórico, adotou-se como conceito de Inteligência da Polícia Judicial o disposto na resolução 383/2021 do Conselho Nacional de Justiça (CNJ), de acordo com a qual consiste na atividade que tem por objetivo o aperfeiçoamento do processo decisório, visando atender ao interesse público e à sociedade como um todo. Além disso, como qualquer outra atividade pública, deve se atentar aos princípios Constitucionais.

Desse modo, esse trabalho visa demonstrar como essa atividade pode auxiliar os usuários dos conhecimentos produzidos, em qualquer nível do processo decisório, a seguirem esse mesmo rumo.

Decerto que todo órgão público ou serviço público deve seguir a Constituição e todos os seus preceitos, mas o presente artigo irá focar especificamente em dois princípios: o da eficiência e o da economicidade.

Vale ressaltar também um princípio que está inserido na Doutrina de Inteligência de Segurança Institucional do Poder Judiciário, e que está intimamente ligado ao tema que é objeto de análise: o Princípio da Simplicidade. Este princípio preconiza que o planejamento e a execução de ações devem evitar *custos* e *riscos* desnecessários. Essa mesma doutrina classifica, como uma das características precípuas da atividade de

Inteligência, a *economia dos meios*, de acordo com a qual o operador de Inteligência deve otimizar o emprego dos recursos disponíveis, aplicando preferencialmente as soluções mais simples em detrimento daquelas que sejam mais complexas ou dispendiosas. Em virtude disso, não só os profissionais da atividade irão seguir essas características elencadas na Doutrina de Inteligência do Poder Judiciário, como também, por atos reflexos, irão inspirar os gestores dos Tribunais a seguirem os mesmos preceitos de economia e simplicidade.

2. UM POUCO DA HISTÓRIA

Antes de se desenvolver o assunto, é importante esclarecer o estigma que foi atribuído às agências de Inteligência no Brasil durante o período da ditadura militar. Até hoje, muitas pessoas ainda pensam que essa atividade consiste em um braço do Estado opressor, utilizado como ferramenta para controlar e fiscalizar o cidadão de bem, violando normas de um Estado Democrático de Direito.

A respeito da imagem negativa que a atividade de Inteligência carrega até os dias atuais no Brasil, Antunes (2002, p.30) diz o seguinte:

> O uso desse conceito (estigma) neste trabalho explica-se pelo fato de que a atividade de inteligência, em si mesma, já carrega uma conotação negativa ante a sociedade democrática, dado o conflito entre a vigilância estatal que ela pressupõe e os direitos individuais do cidadão. No Brasil, onde a atuação dos órgãos de informações durante o governo militar, sobretudo no final da década de 1960 e no começo da década de 1970, se encontra diretamente relacionada à tortura, corrupção, violação dos direitos e liberdades civis, essa estigmatização é ainda mais forte.

Para tentar amenizar esse preconceito, o termo "Inteligência" passou a ser utilizado com o advento da lei 9893/99, norma que instituiu o Sistema Brasileiro de Inteligência. Antes da criação deste diploma legal, utilizava-se o termo "informação", sendo o setor responsável o Serviço Nacional de Informações, órgão criado no ano de 1964, logo após os militares chegarem ao poder, e que foi extinto em 1990 pelo ex-presidente Fernando Collor, sendo ainda muito associado ao governo militar e à violação de direitos e garantias civis.

Consolidando esse pensamento, Pacheco (2006) diz o seguinte:

> As expressões "sistema de inteligência" e "atividade de inteligência" possuem uma aura mítica, que, em razão das experiências repressivas e traumatizantes dos "serviços de informação" durante a época do "regime militar" no Brasil, passaram a gozar de grande preconceito. Foi por isto que,

> após o término do "regime militar", os "serviços de informação" mudaram sua terminologia para "inteligência", a fim de ter a legitimidade perante a sociedade.

É certo que a atividade de Inteligência ainda é vista com certo preconceito no país por uma parcela da população, pois segmentos da sociedade, inclusive formadores de opinião, ainda subestimam e ignoram o real significado do trabalho desenvolvido pelos órgãos de Inteligência.

Esse contexto aumenta ainda mais a responsabilidade dos profissionais responsáveis pela atividade de Inteligência na Polícia Judicial, pois é possível que, em alguns Tribunais, também possa pairar certa dúvida sobre a real necessidade de ter-se um setor voltado para tal atuação em suas respectivas estruturas organizacionais; e, como ainda somos uma categoria recém-criada, precisamos ratificar nossa atuação com seriedade e profissionalismo, seguindo sempre a Carta Magna e a Doutrina de Inteligência de Segurança Institucional, e jamais permitindo a utilização da atividade em atos que não estejam estritamente amparados pela legislação em vigor.

Realizadas essas considerações,[35] vale ressaltar que o primeiro registro oficial que se tem notícia sobre a atividade de Inteligência no Brasil data de 1927, no governo do presidente Washington Luís, quando foi criado um órgão civil federal - o Conselho de Defesa Nacional. Esse Conselho era um órgão de caráter consultivo e que se encontrava duas vezes por ano com o intuito de administrar e pesquisar as informações de ordem moral, econômica, financeira e as relativas à defesa nacional.

Consoante essa ideia, nossa intenção neste trabalho é destacar que a atividade de Inteligência é uma ferramenta de eficiência e salvaguarda das instituições às quais pertence, como já era pensada no Conselho de Defesa Nacional, e não um mecanismo de violação dos direitos e garantias civis, como parcela da sociedade, por ignorância, ainda insiste em lhe rotular.

Registre-se que compete à Polícia Judicial assegurar a boa ordem dos trabalhos no Tribunal, proteger a integridade dos seus bens e serviços, e preservar a incolumidade de seus ativos institucionais. Em suma, garantir uma atividade jurisdicional isenta e imparcial para alcançar uma justiça célere e equitativa. Não é raro nos deparamos com magistrados ou servidores ameaçados no exercício de suas funções, bem como inseguros

35 Não há dúvidas de que, pelo que já vem sendo feito nesse pouco tempo, a atividade de Inteligência promovida pela Polícia Judicial já está sendo reconhecida e conquistando o espaço que lhe é de direito.

para dar continuidade aos feitos. Há também outros obstáculos ao bom andamento da jurisdição, o que só realça a importância de uma polícia orgânica, garantidora da atividade jurisdicional.

Nessa direção, não basta apenas o "fazer", é necessário "fazer bem feito", com a maior completude possível, e o mais importante, com o menor tempo e custo. Dentro desse contexto, floresce a atividade de Inteligência da Polícia Judicial como um feixe de luz para dar visibilidade a temas de alta complexidade, e trazer significado a cenários de incerteza que impactam diretamente à segurança institucional do Poder Judiciário.

3. INTELIGÊNCIA ORGANIZACIONAL COMO INSTRUMENTO DE GESTÃO

A atividade de Inteligência reúne um conjunto de métodos e técnicas para a produção de conhecimentos, e para alguns autores pode ser classificada como um sistema de gestão da informação a fim de subsidiar o administrador a tomar a melhor decisão para a sua organização, tornando mais eficiente e econômica qualquer deliberação escolhida pelo gestor público.

Dessa forma, iremos discorrer a seguir sobre os preceitos contidos na Carta Magna que se aplicam à Inteligência da Polícia Judicial.

PRINCÍPIO DA EFICIÊNCIA

O princípio da eficiência encontra-se no Art. 37 CF/88 e foi inserido em nossa Carta Magna pela Emenda Constitucional nº 19/98.

Este preceito está ligado diretamente à maneira com que o administrador resolve as demandas da Administração Pública de forma competente, trazendo os melhores resultados, evitando desperdício de recursos e tempo, sempre buscando a máxima efetividade e qualidade nos serviços.

A introdução deste princípio em nosso ordenamento jurídico deu-se pela necessidade da modernização da Administração Pública Direta e Indireta e da otimização na aplicação dos recursos, pois o modelo burocrático até então adotado pelo Estado Brasileiro já não atendia aos anseios da coletividade e ao bem comum.

PRINCÍPIO DA ECONOMICIDADE

Este princípio está previsto no Art. 70 CF/88 e foi inserido em nosso ordenamento jurídico com a promulgação da Constituição Federal em 05 de outubro de 1988.

O princípio da economicidade tem como objetivo assegurar que o Estado utilize os recursos públicos de maneira eficaz e eficiente. Em resumo, este princípio visa a garantir que a utilização do erário seja feita de forma responsável e consciente. A partir desta definição, percebe-se que os dois princípios estão intimamente ligados, pois, se temos eficiência, é certo que teremos economia.

A economicidade se baseia na ideia de que o uso racional dos recursos públicos deve levar em consideração o custo e a qualidade dos bens e serviços adquiridos ou prestados pela Administração Pública. Quando a Administração não aplica este princípio, corre-se o risco de haver o desperdício de recursos, que na maioria das vezes já são escassos. Desta forma, compromete-se o orçamento ao se utilizar receitas de forma indevida, como ocorreria, por exemplo, com o aparelhamento indevido de Unidades de Inteligência da Polícia Judicial.

Alguns registros mostram que esse princípio surgiu na Alemanha, logo após a Segunda Guerra, pois, com o país devastado no pós-guerra, a melhor forma de se reconstruir seria utilizar os escassos recursos de uma forma mais responsável e cuidadosa.

Como mencionado acima, a economicidade é uma das faces da eficiência, que visa a garantir o melhor aproveitamento dos recursos disponíveis pela Administração. A eficiência é um princípio fundamental para que gestores sejam eficazes e atendam às demandas da melhor forma possível. Indubitavelmente, é impossível atingir este objetivo sem informações confiáveis e adequadas que sejam difundidas oportunamente.

Conforme mencionado, o produto da Inteligência deve ser utilizado como instrumento de eficiência e economicidade para a Administração Pública. Segundo ALMEIDA NETO:

> A atividade de inteligência, compreendida como um conjunto de técnicas e métodos utilizados para produção do conhecimento que irá subsidiar a tomada de decisão em determinado ambiente organizacional, seja no nível tático ou no estratégico, possibilita que o agente público atue de forma menos arbitrária e mais eficiente, assim como viabiliza um funcionamento institucional mais dinâmico e seguro, reduzindo os riscos da tomada de decisões desconexas, contraditórias, destoantes de uma estratégia racionalmente delimitada e em confronto com interesse público primário. (ALMEIDA NETO, 2009, p. 84)

Por conseguinte, trazendo esses conceitos para a realidade da atividade de Inteligência da Polícia Judicial, percebe-se que o trabalho voltado para o nosso contexto pode ser muito mais abrangente do que realizar uma pesquisa social ou localizar um determinado alvo. Como produtora de conhecimento, que irá fornecer auxílio aos gestores em suas resoluções, a Unidade de Inteligência que já atua com maestria em todos os níveis de assessoramento da segurança institucional, pode, em um futuro próximo, também ser usada como ferramenta de manufatura de conhecimento para assistir decisões sobre assuntos de outras áreas do Tribunal, desde que para assessorar nossos clientes primários.

EFICIÊNCIA E ECONOMIA NA PRÁTICA DA INTELIGÊNCIA POLICIAL

Trazendo para o campo prático, abordaremos sobre como Unidades de Inteligência da Polícia Judicial podem contribuir para que os órgãos do Poder Judiciário se tornem mais eficientes e econômicos em suas atividades. O fato de termos ocupado várias posições na cadeia laboral - gestores, operadores táticos e atualmente no assessoramento através da atividade - fez com que conseguíssemos compreender o tema sob diferentes perspectivas, formando premissas e analogias, e utilizando ainda como insumo o comparativo atual entre Tribunais que não possuem Unidades de Inteligência implantadas no âmbito da Polícia Judicial, os que estão no início e os que já possuem há algum tempo. Na época em que ocupamos cargos de gestão, sentíamos demasiada ausência de um departamento que pudesse nos assessorar com informações precisas de forma estratégica, e consequentemente nos auxiliando para escolhas mais assertivas.

Analisemos: quando o gestor da Polícia Judicial recebe uma missão, podendo ser apresentada pelo presidente do Egrégio ou pelo presidente da Comissão Permanente de Segurança, ou por outra autoridade competente, é certo que, dependendo da natureza e da complexidade da missão, o gestor solicita auxílio à Unidade de Inteligência que; com a devida autorização superior, atua por meio da produção e difusão oportuna do conhecimento que o assessore sobre o assunto.

Este auxílio pode ocorrer nas mais diversas situações, tais como: acompanhamento ao oficial de justiça avaliador no cumprimento do mandado, podendo ser uma citação em área de risco, uma imissão na posse, uma penhora na "boca" do caixa ou até mesmo uma condução coercitiva. O auxílio também pode ser realizado ao tomador de decisão que responde pelo controle de acesso de determinado Fórum ou Tribunal, quando se tratar de uma sessão de dissídio coletivo ou de uma audiência com várias partes envolvidas (litisconsórcio). Outra forma de assessoramento é quando se trata de audiência com uma das partes custodiada pela Secretaria de Administração Penitenciária – SEAP; porém, nesses casos é sempre necessária uma análise prévia, pois existe uma grande diferença no grau de risco associado a um preso devedor de alimentos e a um preso traficante de drogas. Destarte, haverá graus de risco a serem mensurados pela Unidade, que acarretará planejamentos distintos e emprego de recursos específicos e suficientes.

À primeira vista, no caso de acompanhamento de oficial de justiça avaliador para uma citação em área de risco, a Unidade de Inteligência irá fazer o levantamento de todas as informações possíveis, porquanto, tratando-se de área localizada em "zona vermelha"[36], temos que auxiliar o gestor nas suas escolhas para a missão, tais como: se existe risco à vida ou à integridade física do oficial de justiça avaliador e dos policiais que irão acompanhá-lo; antever danos colaterais para a vizinhança do endereço onde deverá ser cumprida a missão e para os transeuntes; qual o melhor horário e o melhor itinerário para efetuar a citação. Logo, de acordo com as informações contidas no Relatório de Inteligência, o gestor poderá tomar a decisão mais oportuna para fornecer o auxílio no cumprimento do mandado e, dessa forma, determinar quantos policiais serão necessários no apoio, quais tipos de armamento serão empregados, quantas viaturas serão utilizadas, se será necessária a convocação de forças de segurança pública externa para a segurança perimetral. Com base nas informações prestadas, o administrador terá a noção exata de que não precisa empregar uma quantidade exagerada de recursos materiais e humanos em uma missão simples, nem uma quantidade insuficiente de recursos em uma missão mais complexa. Pois, em qualquer tipo de apoio policial a magistrado ou a oficial de justiça avaliador, a máquina pública é acionada, e qualquer movimento, por menor que seja, implica o emprego de recursos do erário. Por fim, até mesmo em situações em que houver a decisão por não realizar a missão, o gestor terá sido eficiente, pois, com os dados ali apresentados, por certo preservaram-se o capital e a integridade do servidor ou magistrado auxiliado, bem como dos policiais que iriam realizar o auxílio.

O que se observa nas ocasiões nas quais não houve o assessoramento da Unidade de Inteligência é que muitos serviços foram realizados sem

36 "Zona Vermelha" é uma expressão utilizada para se referir a uma área ou região que apresenta um alto nível de risco ou perigo comumente dominada pelo crime organizado.

um planejamento adequado por ausência de informações processadas, e lembrando que, quando se está lidando com o bem maior que é a vida, nossa e de terceiros, não se pode demandar serviços e missões para os agentes de polícia judicial sem o mínimo de informações para que possam ser concluídos com êxito. Por vezes, já ocorreu o fato de que em uma atribuição de fácil incumbência serem utilizados 08 (oito) agentes de polícia judicial e 04 (quatro) viaturas e em outra demanda, mais complexa, serem empregados apenas 02 (dois) agentes que estavam de plantão no dia da missão a ser cumprida, ou seja, ocorre a sobrestimação ou a subestimação de recursos. Pode-se constatar que, na primeira hipótese, utiliza-se de forma ineficiente e com dispêndio os recursos humanos e materiais, quando era possível lograr êxito com 04 (quatro) agentes de polícia judicial e 02 (duas) viaturas. Os 04 (quatro) agentes excedentes à demanda, poderiam ser empregados em outro tipo de serviço junto à Administração, bem como as outras 02 (duas) viaturas poderiam ter sido poupadas do desgaste da utilização e do consumo de combustível.

Já na segunda hipótese, os agentes partiram sem qualquer informação e sem saber o que os esperava. Chegando ao local, constata-se que se trata de uma área de risco moderado e que com apenas dois agentes seria temerário dar prosseguimento ao objetivo. Devido a isso, pode-se observar que foram gastos recursos materiais e humanos, e a tarefa não foi concluída, ou seja, um serviço ineficiente, e que terá que ser remarcado para outra oportunidade, sem contar o risco a que os servidores poderiam, eventualmente, ter se submetido.

Nos dois exemplos citados houve uma expensa desnecessária; no primeiro pelo excesso de agentes e de recursos empregados, situações em que se houvesse uma análise prévia do setor de Inteligência, a missão lograria êxito da mesma forma com um número sintetizado e acertado de viaturas e de policiais. Já no segundo caso, o número reduzido de agentes não foi o suficiente para concretizar a missão, sendo assim a demanda terá que ser refeita, levando a Administração a gastar no mínimo duas vezes para conseguir atingir o mesmo objetivo. Em ambas as situações, pode-se ter uma ideia da economia e da eficiência como o sentido oposto ao do desperdício. Tais entendimentos só eram possíveis após os acontecimentos, pois, com a ausência de informações técnicas prévias, não seria possível chegar a essas conclusões antes da missão.

Um outro exemplo, onde observa-se na prática a questão da preservação de pecúlio diretamente, seria quando se decide por não cumprir um ato respaldado por elementos elucidativos. Em determinada ocasião, em que seria montada uma mega operação de imissão na posse de 3 (três) edifícios inteiros, centenas de apartamentos, em um mesmo dia, e que envolveria dezenas de Oficiais de Justiça, dezenas de agentes da Polícia Judicial, Polícia Militar, Polícia Federal, Guarda Municipal, órgãos de trânsito, viaturas operacionais e veículos de carga; e por meio de conhecimento produzido e difundido oportunamente, demonstrou-se que a operação não alcançaria a finalidade por diversos motivos, e que acarretaria um gasto demasiado e desnecessário pois as imissões não se concretizariam. Essas informações subsidiaram a decisão do Presidente do Tribunal de cancelar a operação. Além dos recursos públicos economizados com veículos e hora trabalhada dos envolvidos, a imagem do Tribunal também foi preservada, pois foram trazidas à luz informações antes desconhecidas e que poderiam acarretar decisões questionáveis pela sociedade civil e pela a opinião pública.

Outro exemplo que acontece com bastante frequência são as audiências da Seção de Dissídios Coletivos (SEDIC). Essas sessões são compostas por representantes dos sindicatos patronais e representantes dos sindicatos dos trabalhadores, assim como por representantes dos empregados e empregadores. Por se tratar de ação que visa a decidir os interesses coletivos de determinada categoria, tais sessões costumam atrair centenas de interessados, e, a depender da causa e do sindicato envolvido, alguns dos interessados podem comparecer à audiência com os ânimos mais exaltados. Numa ação comum de primeira instância, na qual estão envolvidos apenas um reclamante e um reclamado, é muito mais fácil controlar o ânimo singular; já em uma ação coletiva entre sindicato patronal e sindicato dos trabalhadores, na qual se decidem interesses de uma categoria, principalmente o direito à greve, o trabalho da Polícia Judicial se torna muito mais delicado, e exige o apoio direto das Unidades de Inteligência.

Em um cenário no qual o setor de inteligência ainda não esteja implantado, a preparação para essas audiências será feita de forma mais simples, pois não se têm insumos para planejar e decidir. Muitas vezes, a segurança institucional é surpreendida, pois, sem informação precisa de quando vai acontecer uma manifestação de grande vulto com a participação massiva dos sindicatos que possuam histórico de atribulação, conta-se, infelizmente, com a própria sorte. Em alguns casos, quando a segurança institucional toma conhecimento da intenção de manifestações hostis, as ruas e a entrada principal dos fóruns já estão tomadas por trabalhadores ansiosos por uma decisão favorável ao seu pleito. E mesmo quando a Polícia Judicial tem o conhecimento antecipado de tal sessão, a preparação e o planejamento são feitos, como já dito anteriormente, sem um assessoramento adequado. Neste caso, o tomador de decisão terá que fazer escolhas de forma subjetiva, pois, com diversas demandas diárias e sem o amparo de um setor específico para lhe orientar acertadamente em situações pontuais como esta, poderá empregar recursos destoantes da realidade que se concretizará.

Em nossa pesquisa foi observado que, devido a essa falta de assessoramento, o tomador de decisão convoca todo o efetivo disponível: policiais de folga, e que em uma data futura teriam que receber compensação por terem trabalhado no seu dia de descanso, desfalcando, dessa forma, o seu dia de escala; policiais de outros fóruns e inclusive do interior, de onde estes viriam de viatura oficial utilizando combustível, e consequentemente desguarnecendo os seus prédios; solicitação de apoio da Polícia Militar, quando estes policiais poderiam estar fazendo o patrulhamento em alguma parte da cidade, e seriam deslocados para ficarem baseados em frente ao Tribunal. E por muitas vezes, com todo o reforço citado, poderia acontecer de aparecer um número ínfimo de pessoas ou até mesmo ninguém, o que não ofereceria risco para a audiência ou para as edificações do Tribunal.

Em contrapartida, em outras ocasiões, o tomador de decisão poderia inferir que não haveria problemas de segurança devido ao histórico de condutas pacíficas do sindicato, ou até mesmo pela ausência de informações sobre o planejamento de atos hostis, contudo, em razão de acontecimentos específicos, que poderiam ser detectados por operadores de Inteligência, tais atos passassem a ocorrer.

Em sentido contrário aos exemplos acima, em nosso regional, atualmente, o tomador de decisão recebe relatório com antecedência sobre as audiências mais complexas, com monitoramento em tempo real da situação, inclusive com cooperação de agências parceiras. Tais atividades são de suma relevância e contribuem para o assessoramento do presidente do Tribunal, autoridade que normalmente conduz as sessões de Dissídios Coletivos. Com a assistência técnica, o gestor de segurança pode decidir com mais certeza quantos agentes necessita convocar, se precisará do apoio da Polícia Militar, se os trabalhadores irão trazer carro de som, como estão os ânimos, se possuem atos preparatórios de delito, entre outros dados. Sendo assim, economiza-se tempo e dinheiro, racionalizando o deslocamento de pessoal e otimizando a logística operacional.

Outra atuação, que reverbera diretamente nos cofres da Administração, oportunizando economizar e ser mais eficiente, ocorre nos casos em que é solicitado acréscimo de terceirizados ou de equipamentos de segurança em contratos, com base em ocorrências isoladas ou suposições. Tais fatos são extremamente dispendiosos para a Administração, pois os citados acréscimos configuram despesas fixas mensais por tempo indeterminado, o que resulta em cifras anuais elevadíssimas; sendo que, através de técnicas específicas e tratamento eficaz das informações, chega-se a um produto capaz de fornecer insumos suficientes para os gestores julgarem se vale a pena assumir o risco ou absorver o custo. Sem esse refino de informações, possibilitado pela atuação da Inteligência, muitos custos poderiam ser arcados de forma desnecessária, ou riscos assumidos de forma temerária.

Outra atividade desempenhada, capaz de minimizar impactos financeiros negativos, é a atuação na prevenção a fraudes diversas, tais como: fraudes financeiras, *fake news*, golpes de redes sociais, golpes de correio eletrônico, defraudação de certificados digitais e tokens, detecção de propagandas adversas, manipulação de documentos, dentre outras. Tais atos não só resguardam a imagem e o capital institucional, mas também preservam o patrimônio de magistrados, servidores, jurisdicinonados e advogados.

Evidencia-se, assim, que a tomada de decisão, embasada em dados organizados e contextualizados, alicerça a Administração de maneira sólida, gerando soluções mais consistentes. Além disso, a análise de dados identifica tendências e padrões que podem orientar a Polícia Judicial na sua missão precípua de garantir a independência e autonomia do Poder Judiciário.

4. APLICABILIDADE NA GARANTIA DA ATIVIDADE JURISDICIONAL

A atividade de Inteligência mostra-se apta a fortalecer o sistema judiciário como um todo, sendo importante aliada na atividade fim dos Tribunais, pois preenche lacunas e inova com a identificação de soluções eficazes, contribuindo para um Poder Judiciário mais eficiente, capaz de cumprir com sua função social perante os jurisdicionados.

De forma exemplificativa, analisa-se a hipótese a seguir. Uma parte entra com uma reclamação na Justiça do Trabalho. Suponha que esse processo leve anos para transitar em julgado, tendo citações, apreciação da petição inicial e da defesa, audiência inicial, perícias, audiência de prosseguimento, sentença, recursos, acórdão, publicações e todas as despesas mais que envolvam o rito processual de um feito trabalhista. Em cada fase e andamento do processo houve movimentação da máquina pública, servidores e magistrados empenharam tempo, trabalho, esforço e dedicação para dar prosseguimento a essa lide, e ao término de tudo, com ganho de causa para a parte reclamante, já na fase final do processo, é inexequível executar o reclamado, pois não é possível localizá-lo, ou se criou obstáculo ao cumprimento, ou ainda o oficial de justiça avaliador não conseguiu citá-lo, pois reside em área limítrofe ou sob influência do crime organizado, o que no Rio de Janeiro acontece com certa frequência, ou até mesmo por meio de fraude da parte patronal, não são localizados/apresentados bens para a execução, situação que, no jargão popular, costuma ser denominada como "ganha mas não leva".

Diante desses cenários, a Unidade de Inteligência, mediante a aplicação de metodologias específicas, por muitas vezes, consegue trazer ao protagonismo a verdade com significado que irá tornar possível a concretização desses atos e a continuidade dos trabalhos de forma imparcial. Este é o caminho que garante que a atividade jurisdicional se concretize, ressaltando que, ao oportunizar que estes atos sejam realizados, impacta-se diretamente os índices do Tribunal perante o CNJ.

Muitos dos exemplos acima sequer eram realizados pelo fato de que a Administração não possuía meios adequados para mensurar o risco envolvido. Através da produção de conhecimentos de Inteligência e de análises de risco, atualmente é possível assessorar os gestores de segurança sobre a real dimensão de suas demandas, de forma que possam decidir conscientemente entre deixar de cumprir algum ato pelo risco real, ou cumpri-los com a força e insumos suficientes, corroborando o papel importantíssimo da Atividade de Inteligência como garantidor da atividade jurisdicional, pois, sem tais atos, a justiça não alcançaria sua missão.

5. ABRANGÊNCIA DE ATUAÇÃO (NOVOS HORIZONTES)

O viés de preservação de recursos e cuidado com a coisa pública, que como vimos é intrínseco à atividade de Inteligência, está em constante evolução e possui uma vasta área de aplicação, ainda pouco explorada. Existem instituições que já utilizam o potencial e a capacidade dos setores de produção de conhecimento de forma mais abrangente para minimizar prejuízos e suprimir custos diversos.

Como detentora de informações restritas e tendo acesso a ferramentas especializadas de análise, as Unidades de Inteligência da Polícia Judicial poderiam auxiliar os Tribunais em um contexto mais amplo, de forma semelhante ao que já ocorre em outras instituições públicas. É mister lembrar que esta assistência será sempre norteada pela Doutrina de Inteligência de Segurança Institucional, e portanto deverá estar de acordo com os seus princípios e valores, visto que, em uma interpretação mais ampla de seu texto, as atividades informacionais poderiam assessorar, com a devida autorização da autoridade competente, decisões relacionadas a outros campos de atuação do Poder Judiciário, auxílio esse sempre voltado para a segurança dos ativos institucionais contra ações adversas de qualquer natureza.

Alguns órgãos já utilizam seus setores de Inteligência como forma de minimizar riscos em licitações, por exemplo, pois, por vezes, empresas contratadas recebem os repasses financeiros e não cumprem com suas obrigações, trazendo prejuízos aos cofres públicos, além de fazer com que muitos servidores percam horas de trabalho com tais contratempos, tentando solucionar os problemas decorrentes desses atos. Existem exemplos ainda de agências que assessoram a administração obtendo e analisando imagens de drones com a finalidade de prestar auxílio à fiscalização de obras e vistorias de estruturas (áreas e instalações).

Como os temas e exemplos abordados têm um viés meramente exemplificativo, e não exaustivo, admite-se que a atividade de Inteligência possa ser útil e imprescindível em diversas áreas de atuação do Poder Judiciário.

De maneira alguma se poderia afirmar que o escopo de atuação da Inteligência Judicial esteja atualmente exaurido. Uma das características da doutrina é a abrangência, e a atividade possui a flexibilidade necessária para abarcar novas atribuições, sempre que relevantes para a segurança do sistema judiciário, como um todo.

A ideia central é enfatizar que, toda vez que a engrenagem da Inteligência for inserida na engenharia do Tribunal, essa máquina funcionará de forma mais eficaz, fluida, com menor esforço e maior produtividade, apesar de silenciosa, pois sua matéria prima é a informação e seu produto final, um dos ativos mais cobiçados da sociedade moderna: o conhecimento.

6. CONSIDERAÇÕES FINAIS

Em suma, são inúmeros os elementos que apontam para a importância da Inteligência como instrumento valioso de governança e potente motor de concepção de conhecimentos úteis para a Administração.

A iniciativa privada enxergou com primazia os benefícios e vantagens de se ter um setor dedicado a conceber matéria prima informacional e exercitar a sapiência em caráter permanente, porém aos poucos as instituições públicas estão conhecendo as virtudes, experimentando os resultados da atividade, e os setores vêm se consolidando.

Progressivamente, os Egrégios irão perceber que o serviço das Unidades de Inteligência são um investimento e não mais uma mera despesa orçamentária. Quanto mais desenvolvido e fomentado esse setor estiver, mais economia e segurança ele irá trazer para a instituição. Certamente, ao se mensurar o custo anual do setor e o resultado que é entregue, evidencia-se que a atividade de Inteligência é superavitária, uma vez que o fruto da atividade acaba se tornando uma espécie de receita, configurando-se como uma das poucas áreas do serviço público que reverte em lucro para a instituição.

Por fim, a atividade de Inteligência da Polícia Judicial acaba por preservar não só o erário como também os bens intangíveis, pois a vida de pessoas e a imagem do Judiciário, embora imensuráveis, são ativos institucionais.

7. REFERÊNCIAS

ALMEIDA NETO, Wilson Rocha de. **Inteligência e Contrainteligência no Ministério Público.** Belo Horizonte: Dictum, 2009.

ANTUNES, Priscila Carlos Brandão. **SNI & ABIN**: uma leitura da atuação dos serviços secretos brasileiros ao longo do século XX. Rio de Janeiro: Ed. FGV, 2002.

BATISTA JÚNIOR, Onofre Alves. **Princípio constitucional da eficiência administrativa.** Belo Horizonte: Mandamentos, 2004.

CEPIK, Marco A. C. **Espionagem e democracia.** Rio de Janeiro: Ed. FGV, 2003.

GONÇALVES, Joanisval Brito. Visões do Jogo: Percepções das Sociedades Canadense e Brasileira sobre a Atividade de Inteligência. In: Russell G. Swenson; Susana C. Lemozy. (Org.). **Democratización de la Función de Inteligencia:** El Nexo de la Cultura Nacional y la Inteligencia Estratégica. Washington, DC: National Defense Intelligence College Press, 2009, p. 113-138. 88

GONÇALVES, Joanisval Brito. **SED QUIS CUSTODIET IPSO CUSTODES?** O controle da atividade de inteligência em regimes democráticos: os casos de Brasil e Canadá. 2008. 837p. Tese (Doutorado em Relações Internacionais) - Instituto de Relações Internacionais, Universidade de Brasília, Brasília, 2008.

MEIRELLES, Hely Lopes. **Direito administrativo brasileiro.** 23. ed. São Paulo: Malheiros, 1998.

MELLO, Celso Antônio Bandeira de. **Curso de direito administrativo.** 18. ed. rev. e atual. São Paulo: Malheiros, 2005.

PACHECO, Denilson Feitoza. **Atividades de inteligência no Ministério Público.** *In*: CONGRESSO NACIONAL DO MINISTÉRIO PÚBLICO - MINISTÉRIO PÚBLICO E JUSTIÇA SOCIAL, 16., 2005, Belo Horizonte. Anais.... Belo Horizonte: Associação Nacional dos Membros do Ministério Público/ Associação Mineira do Ministério Público, 2006. p. 631-649.

PEREIRA, Cláudia Vieira. **A contribuição do Tribunal de Contas da União para o aprimoramento do controle social:** o caso dos conselhos de alimentação escolar. 2004. 63p. Monografia (Pós-Graduação Lato Sensu de Especialização em Controle Externo – Área de análise e avaliação da gestão pública) – Instituto Serzedello Corrêa, Tribunal de Contas da União, Brasília, 2004.

A atuação da Inteligência, especialmente em sua dimensão estratégica, é essencial para fornecer suporte aos decisores em todos os níveis.

A ATIVIDADE DE INTELIGÊNCIA DA POLÍCIA JUDICIAL E O DESAFIO DE ATUAÇÃO EM NÍVEL ESTRATÉGICO: A EXPERIÊNCIA DO TRT DA 5ª REGIÃO E O PANORAMA DAS UNIDADES EM ÂMBITO NACIONAL

CRISTIANO LUIS MATSUMOTO

Mestre em Ciências da Educação (Saint Alcuin of York - Anglican College, Chile). Especialista em Direito do Trabalho e Processo do Trabalho (Rede Luis Flávio Gomes - LFG). Pós-graduado em Inteligência do Estado e Inteligência Policial (Gran Faculdade). Graduado em Direito e Pedagogia. Agente de Polícia Judicial.

RESUMO

A pesquisa trata da atividade de Inteligência e sua aplicação pela Polícia Judicial. O objetivo é investigar a atuação de algumas unidades de Inteligência da Polícia Judicial no que se refere ao seu nível preponderante de assessoramento: operacional, tático ou estratégico. Como técnica de pesquisa utiliza-se a revisão bibliográfica e a análise qualitativa e para a abordagem crítica elegeu-se o método dedutivo. A pesquisa sugere que a maioria das unidades de Inteligência pesquisadas não têm atuado preponderantemente em nível estratégico. Estima-se que a atuação das unidades de Inteligência poderia ser beneficiada se também abrangesse este nível de atuação. Ao se empregar metodologias de Inteligência, em nível estratégico, seria possível agregar significativo valor aos serviços prestados pela Polícia Judicial para a proteção dos ativos institucionais.

Palavras-chave: Inteligência. Polícia Judicial. Processo decisório. Nível de assessoramento estratégico.

1. INTRODUÇÃO

O presente artigo tem por objetivo apresentar um breve histórico normativo sobre a Inteligência da Polícia Judicial e, em especial, analisar a atuação destas Unidades de Inteligência no que se refere ao seu nível preponderante de assessoramento: operacional, tático ou estratégico.

O estudo pauta-se na observação da atuação prática das Unidades de Inteligência da Polícia Judicial. Para a análise do objeto deste estudo, utilizou-se o método dedutivo, observando-se o cenário nacional para identificar peculiaridades das Unidades de Inteligência da Polícia Judicial.

Como método de pesquisa, optou-se pela revisão bibliográfica e documental, incluindo consulta a algumas Resoluções do CNJ, doutrina sobre o tema e outros normativos pátrios. Realizou-se, também, breve pesquisa qualitativa com gestores de algumas unidades de Inteligência da Polícia Judicial, aproveitando de suas experiências e percepções sobre o tema, a partir da qual foi possível inferir conclusões que serão descritas no presente trabalho.

A motivação está ligada à capacidade de conceber propostas de ação com o intuito de aprimorar o apoio em todos os níveis, especialmente no âmbito estratégico, visando a fortalecer e tornar mais eficiente o suporte de Inteligência ofertado pela Polícia Judicial no âmbito da segurança institucional.

Assim, este artigo tem como objetivo verificar, de maneira concisa, qual o nível de atuação predominante da Inteligência da Polícia Judicial (operacional, tático ou estratégico).

Nesse sentido, cabe salientar que as ações de Inteligência demandam abordagens meticulosamente planejadas para reduzir os riscos. Por conseguinte, torna-se cada vez mais crucial que a atuação da Inteligência na Polícia Judicial se estenda a todos os níveis de assessoramento, apoiando-se em informações que sejam precisas e oportunas.

Destaque-se, desde já, que a proposta não é esgotar a discussão sobre o assunto, mas apenas propor ideias para reflexão que poderão subsidiar futuros trabalhos com maior profundidade.

2. DESENVOLVIMENTO

A ATIVIDADE DE INTELIGÊNCIA DA POLÍCIA JUDICIAL - BREVE HISTÓRICO

O primeiro normativo do CNJ a tratar sobre o tema foi a Resolução nº 176/2013, tal normativo instituiu o Sistema Nacional de Segurança do Poder Judiciário, que logo no seu art.1º, criou as seguintes estruturas:

> Art. 1º Fica instituído o Sistema Nacional de Segurança do Poder Judiciário (SINASPJ), constituído pelas Comissões de Segurança Permanente dos Tribunais de Justiça e Militares, dos Tribunais Regionais Federais, Eleitorais e do Trabalho, criadas pelo art. 2º da Resolução CNJ 104/2010, pelo Comitê Gestor do Conselho Nacional de Justiça, a quem caberá a sua coordenação, e pelo Departamento de Segurança e Inteligência do Poder Judiciário (DSIPJ).

Dentre outras atribuições, coube ao DSIPJ: Coordenar os núcleos de Inteligência dos tribunais para a integração e compartilhamento de informações e o desenvolvimento de ações de Inteligência para o assessoramento na tomada de decisões pelo CNJ e pelos tribunais.

Todavia, em janeiro de 2014, a Resolução do CNJ nº 189 revogou o artigo 5º que criava o DSIPJ, deixando o sistema, por assim dizer, "acéfalo", por pelo menos 2 anos. Até que, em 2016, a Resolução nº 218 do CNJ recria o DSIPJ, mas altera a sua nomenclatura, ainda que mantendo a sigla original, ou seja: continua a se chamar DSIPJ, mas agora o "I", passa a significar "Institucional" e não mais "Inteligência", designação que perdura até hoje, nos seguintes termos: Departamento de Segurança Institucional do Poder Judiciário (DSIPJ). Neste normativo são mantidas as atribuições originais do Departamento, ao tempo em que se confere novo impulso à Atividade de Inteligência no Poder Judiciário.

Por seu turno, em seguida, veio à tona a Resolução CNJ nº 239/2016, que instituiu a Política Nacional de Segurança do Poder Judiciário – PNSPJ. Ressalte-se que, pela primeira vez, registrou-se em uma norma com abrangência nacional a definição de Atividade de Inteligência no âmbito do Poder Judiciário. Além disso, cumpre salientar que esta norma também assinalou a necessidade de estabelecimento de uma metodologia própria para a produção de conhecimentos, ao destacá-la como um dos objetivos da Política Nacional de Segurança do Poder Judiciário – PNSPJ. A referida Resolução no seu art. 5º, III e §1º, assim dispôs:

> Art. 5º O Comitê Gestor do Sistema Nacional de Segurança do Poder Judiciário, mediante assessoramento do Departamento de Segurança Institucional do Poder Judiciário, definirá os protocolos, as medidas e as rotinas Poder Judiciário de segurança que compõem esta Política Nacional de Segurança, com os seguintes objetivos:
>
> [...]
>
> III - definir metodologia para a produção de conhecimentos de inteligência no âmbito da Segurança Institucional do Poder Judiciário;
>
> [...]
>
> §1º - Entende-se por atividade de inteligência do Poder Judiciário o exercício permanente e sistemático de ações especializadas para identificar, avaliar e acompanhar ameaças reais ou potenciais aos ativos do Poder Judiciário, orientadas para a produção e salvaguarda de conhecimentos necessários ao processo decisório no âmbito da Segurança Institucional do Poder Judiciário.

Em 2021, através da Resolução CNJ nº 383, houve a criação do Sistema de Inteligência de Segurança Institucional do Poder Judiciário – SInSIPJ. Destaque-se que as normas publicadas anteriormente tratavam do Sistema Nacional de Segurança do Poder Judiciário - SINASPJ, e apenas mencionavam a Atividade de Inteligência como parte desse Sistema. Por seu turno, a Resolução CNJ nº 383 inovou ao tratar exclusivamente sobre a Atividade de Inteligência e instituir, de forma pioneira, o Sistema de Inteligência de Segurança Institucional do Poder Judiciário – SInSIPJ.

A mais recente resolução do CNJ sobre o tema é a nº 435/2021, que revisa e atualiza as normas do SINASPJ (Sistema Nacional de Segurança do Poder Judiciário) e a PNSPJ (Política Nacional de Segurança do Poder Judiciário). Isso foi uma necessidade, haja vista que, com os avanços decorrentes da criação do Sistema de Inteligência de Segurança Institucional do Poder Judiciário - SInSIPJ, foi necessário rever e atualizar todo o arcabouço normativo construído anteriormente sobre o SINASPJ e sobre a PNSPJ. Registre-se que, atualmente, as normas sobre a Inteligência de Segurança Institucional encontram-se consolidadas nas Resoluções nrsº 383/2021 e 435/2021.

Por fim, o último e importante avanço para a Inteligência da Polícia Judicial ocorreu em Fevereiro de 2022, após revisão realizada pelo Comitê Gestor de Segurança do CNJ, a minuta da doutrina, resultante do Grupo de Trabalho criado, lá nos idos de 2016, foi finalmente submetida à apreciação do Conselho Nacional de Justiça, sendo aprovada por unanimidade durante a 100ª Sessão do Plenária Virtual.

Nesse sentido, tal fato mereceu destaque no Relatório Anual de 2022 do CNJ, ao mencionar em sua pag. 128, com o título "INSTITUIÇÃO DA DOUTRINA DE INTELIGÊNCIA DE SEGURANÇA INSTITUCIONAL DO PODER JUDICIÁRIO", nos seguintes termos:

> Considerando que a segurança institucional é a primeira condição para garantir a independência dos órgãos judiciários e que há necessidade de padronização de uma metodologia para produção do conhecimento e do estabelecimento de uma linguagem que permita o fluxo informacional em uma rede que integre a totalidade das Unidades de Inteligência de Segurança Institucional, de forma a aperfeiçoar o assessoramento do processo decisório, foi instituída, em março de 2022, a Doutrina de Inteligência de Segurança Institucional do Poder Judiciário.

Resultados alcançados em 2022:

- Padronização de procedimentos na área de Inteligência de Segurança Institucional do Poder Judiciário.
- Avanço na criação de unidades de Inteligência, bem como na produção de conhecimento afetos à segurança institucional no âmbito do Poder Judiciário.

Na atualidade, a Polícia Judicial dispõe de uma doutrina de Inteligência que atende às suas especificidades e encontra-se em utilização pelas Unidades de Inteligência de todo o Poder Judiciário, espalhadas pelo país. A tendência é de que isso facilite a troca de informações e proporcione a necessária unidade de procedimentos. Com isso, as perspectivas para essa rede que integra o Sistema de Inteligência do Poder Judiciário são as melhores possíveis.

A INTELIGÊNCIA DA POLÍCIA JUDICIAL NO TRIBUNAL REGIONAL DO TRABALHO DA 5ª REGIÃO

No contexto específico do TRT-5, o serviço de Inteligência da Polícia Judicial teve seu início oficialmente em abril de 2017. Isso ocorreu com a publicação da Resolução Administrativa nº 13/2017, que promoveu a atualização do Regulamento Geral da Secretaria do Tribunal. Esta Resolução, entre outras alterações, reestruturou a Segurança Institucional, vinculando-a à Presidência e estabelecendo 4 (quatro) Seções distintas. Dentre essas seções, uma delas foi dedicada à Inteligência, à qual foram atribuídas as seguintes responsabilidades:

> Art. 30-F. Compete à Seção de Inteligência:
>
> I- planejar, executar, coordenar e fiscalizar as atividades de Inteligência;
>
> II- manter sinergia com órgãos públicos competentes em matéria de inteligência;
>
> III- auxiliar a Coordenadoria de Segurança Institucional nos procedimentos investigativos preliminares;
>
> *IV- realizar levantamentos junto a bancos de dados públicos, como produção de conhecimentos e informações de interesse institucional*;
>
> V- manter e controlar informações precisas relacionadas à segurança e acontecimentos correlacionados;
>
> VI- auxiliar no planejamento e organização de cursos de capacitação para os Agentes de Segurança junto a outros órgãos públicos e privados, em parceria com a CDP;
>
> VII- planejar, executar, coordenar e fiscalizar as atividades relativas ao Sistema de Informações de Segurança;
>
> VIII- realizar ações de inteligência e contrainteligência destinadas a instrumentalizar o exercício da Segurança Institucional, produzindo conhecimentos e informações que subsidiem ações, de forma a neutralizar e coibir ameaças e atos criminosos na esfera de sua competência, observados os direitos e garantias individuais;

> IX- realizar coleta, busca, estatística e análise de dados de interesse institucional, destinados a orientar o planejamento e a execução de suas atribuições, sob a orientação do Diretor da CSI;
>
> X- realizar o mapeamento das áreas de risco e de criminalidade;
>
> XI- buscar inovações e procedimentos adequados à realidade do Tribunal no que tange à segurança preventiva;
>
> XII- avaliar e diagnosticar a segurança de áreas e instalações destinadas ao armazenamento de dados e informações sensíveis no âmbito do TRT5;
>
> XIII- prestar apoio ao Núcleo e demais Seções da CSI (grifo nosso);

Como se depreende da leitura dos seus 13 (treze) incisos, há muito a ser realizado no que diz respeito à produção de conhecimento para auxiliar o Gestor da CSI e a liderança administrativa nas decisões relacionadas à Inteligência. É de conhecimento geral que a adoção da cultura desta atividade no cotidiano dos órgãos e nas funções da Polícia Judicial requer primordialmente um período considerável de adaptação. Nesse contexto, o TRT-5 tem se dedicado a promover uma mudança gradual nessa mentalidade entre seus agentes.

É importante notar que, pelo ano consecutivo (em 2022, 2023 e 2024), a disciplina de Inteligência foi incluída nos programas anuais de capacitação dos agentes, onde o autor deste artigo participou como instrutor. Essa iniciativa tem apresentado resultados positivos ao preparar os policiais, proporcionando-lhes uma compreensão sólida das noções básicas sobre atuação com Inteligência e do processo de produção de conhecimento nessa área. Isso os capacita a enfrentar seus desafios diários, conscientes da importância dessas habilidades para assessorar as decisões nos diversos níveis de sua atuação.

No entanto, o que se observa na prática no TRT5 é uma atuação predominantemente operacional da Inteligência, embora as possibilidades nessa área sejam muito mais abrangentes. A próxima seção abordará os diferentes níveis de atuação possíveis para a Inteligência da Polícia Judicial.

NÍVEIS DE ASSESSORAMENTO DA INTELIGÊNCIA DA POLÍCIA JUDICIAL

Na prática, pode-se dizer que a Atividade de Inteligência da Polícia Judicial se destina ao assessoramento em todos os níveis do processo decisório no âmbito da Segurança Institucional do Poder Judiciário, seja ele no nível Estratégico, Tático ou Operacional (por uma opção doutrinária e didática, a abordagem será limitada a esses três níveis). Tais níveis são interdependentes, apesar de distintos, trabalhando de forma integrada para alcançar objetivos e metas (ANTHONY, 1965).

Abaixo segue figura auto explicativa no que tange às decisões a serem tomadas e respectivos níveis e prazos.

Figura 1: Níveis organizacionais

Fonte: Adaptado de CHIAVENATO *apud* PIRES, 2017.

Entender as peculiaridades de cada nível, facilita o devido cumprimento das diretrizes previamente estabelecidas. Diante disso, na sequência, serão resumidas as características de cada um dos níveis organizacionais dos respectivos processos de tomada de decisão em que a Inteligência da Polícia Judicial pode atuar.

As decisões de Inteligência a serem tomadas no topo, ou seja, no nível estratégico, são aquelas que de modo geral trazem mais repercussão para a estrutura da instituição, especificando "o que fazer" para que se possa atingir as metas e objetivos. Neste nível também se faz uma avaliação situacional externa e interna.

São esses elementos estratégicos - objetivos, análise das condições internas e externas – que definirão onde as organizações (instituições) pretendem chegar no futuro e como se propõem a fazê-lo a partir do presente (CHIAVENETO, 2014).

Nas decisões que envolvem este nível, a Inteligência da Policia Judicial pode contribuir significativamente realizando dentre outras atividades, a prospecção de cenários, coletando, tratando e difundindo os dados, possibilitando aos tomadores de decisão a análise de forma transversal dos conhecimentos, visando o foco nos interesses da instituição e da sociedade, como política de interesse contínuo, de forma perene e não apenas de uma gestão que, no âmbito do Poder Judiciário, dura apenas 2 (dois) anos. É nesse nível ainda que a Inteligência fornece às autoridades superiores conhecimentos depurados no que se refere a assuntos de contínuo interesse da instituição, que podem nortear decisões mais abrangentes e com impactos extensivos.

Como exemplo, ao examinarmos a questão em um contexto mais amplo, e que de certa forma também nos serve como referência, podemos notar que a Estratégia Nacional de Inteligência de Segurança Pública (ENISP), em seu nível estratégico, dedica-se à identificação de desafios, estabelece eixos estruturantes e objetivos estratégicos. O seu propósito é assessorar nos mais altos escalões, proporcionando as condições ideais para que os responsáveis pelo serviço possam antecipar e prevenir ameaças, além de aproveitar oportunidades em seu desempenho profissional (BRASIL, 2021).

Destaque-se, também, que nesse nível são feitos os regulamentos da Polícia Judicial, que normalmente devem se alinhar às políticas e programas mais abrangentes. Como exemplo, podemos citar as normas do SINASPJ (Sistema Nacional de Segurança do Poder Judiciário) e da PNSPJ (Política Nacional de Segurança do Poder Judiciário), mencionadas anteriormente.

Já no nível tático, basicamente os gestores decidem o "como fazer" para que o planejamento estratégico do órgão seja colocado em prática. As decisões costumam ser materializadas em planos, de médio prazo, que são responsáveis por transformar as diretrizes estratégicas em ações a serem seguidas pelas unidades no âmbito gerencial e com isso adequar o plano às especificidades técnicas do respectivo setor ou departamento.

Nesse patamar intermediário, a Inteligência costuma atuar revelando os antagonismos, eventuais vulnerabilidades, oportunidades ou até pressões e outras circunstâncias que consigam auxiliar as autoridades executoras em decisões setoriais ,departamentais, ou ainda regionais. (GONÇALVES, 2018).

Aqui a inteligência da Polícia Judicial deve auxiliar balizando o decisor para que possa realizar enfrentamentos de forma mais qualificada. Podendo decidir de forma mais segura, por exemplo, sobre o quantitativo de agentes a ser mobilizado em uma missão, eventuais equipamentos necessários para determinada operação de segurança, deslocamento de equipes, campanhas educativas institucionais, investimento em algumas capacitações específicas para a equipe, etc.

Por seu turno, no nível operacional, a Inteligência tem uma atuação mais próxima da atuação prática e diária da Policia Judicial, em que ocorre o cumprimento do que foi estabelecido nos planos táticos, quando ocorrem as entregas institucionais propriamente ditas e que concretizam os objetivos estratégicos estipulados pelo Tribunal.

Neste nível, normalmente os planos são pontuais, com abrangência local e de curta duração. Estas tarefas operacionais são materializadas em atividades típicas da Polícia Judicial, tais como: zelar pela segurança de magistrados, servidores e jurisdicionados, do processo judicial e da prestação jurisdicional de um modo geral.

Reforçando o diferencial da atuação das unidades Inteligência no âmbito da segurança institucional, em recente artigo, consignou-se que:

> De fato, ao observar os diferentes níveis de atuação, verifica-se que a inteligência de segurança institucional possui um caráter híbrido, tendo em vista que opera tanto em âmbito estratégico quanto em tático e operacional. [...] a inteligência de segurança institucional consolidada no âmbito do Poder Judiciário tem extrapolado a distinção clássica apresentada pelos doutrinadores da atividade. Isso porque, a partir da observação de sua contribuição para a segurança institucional, percebe-se que ela possui um caráter híbrido e multifacetado, que se manifesta tanto no contexto do assessoramento estratégico quanto em seu emprego tático e operacional na busca por dados negados.(NUNES; PINTO, 2022, p. 28).

Destaque-se que a Atividade de Inteligência no âmbito do Poder Judiciário, no geral, se mostra cada vez mais importante, como ferramenta de assessoramento estratégico, inclusive como garantia dos valorosos preceitos constitucionais de independência e autonomia do Poder Judiciário, vislumbrando e preparando o terreno para uma prestação jurisdicional que contemple a imparcialidade e a liberdade, que são cruciais para o pleno exercício da magistratura.

> É nesse horizonte que a atividade de inteligência se insere como dispositivo indeclinável para a manutenção de dois princípios essenciais da conduta judicial: independência e imparcialidade. Princípios esses constantes do documento da Organização das Nações Unidas (ONU), denominado "Princípios da Conduta Judicial de Bangalore". (SEABRA; SILVA, 2020, p.149).

No próximo tópico, analisar-se-ão alguns dados com base em breve levantamento através de pesquisa qualitativa envolvendo questões referentes ao nível de atuação das Unidades de Inteligência da Polícia Judicial.

PESQUISA QUALITATIVA EM OUTROS TRIBUNAIS – NÍVEL DE ASSESSORAMENTO DA INTELIGÊNCIA DA POLÍCIA JUDICIAL

Na prática, pelo menos até o momento presente no TRT5, observa-se que a atividade de Inteligência tem se concentrado principalmente no aspecto operacional. No entanto, é crucial ressaltar que as possibilidades de atuação são muito mais amplas do que isso, como já mencionado anteriormente. Surge então a pergunta: será que esse padrão se repete em outras Unidades de Inteligência da Polícia Judicial no Poder Judiciário da União? Além disso, os responsáveis pela Inteligência da Polícia Judicial acreditam que direcionar mais investimentos para o nível estratégico seria mais benéfico para o Tribunal? E, seria necessário fornecer treinamentos na área de Inteligência para outros servidores, autoridades e tomadores de decisão do órgão?

Para começar a entender essas questões, optou-se por conduzir uma breve pesquisa qualitativa, entrevistando alguns gestores e colaboradores de Inteligência de outros tribunais. É importante salientar que o grupo de participantes analisado se refere especificamente ao Grupo de Trabalho denominado RIJU3.0 (Rede de Inteligência do Poder Judiciário da União), estabelecido desde 2021. Este grupo é composto por 27 integrantes, todos eles agentes de Polícia Judicial, conforme indicado na tabela abaixo, que detalha os Tribunais participantes que responderam à pesquisa.

Tabela 1: Tribunais presentes no grupo RIJU3.0 e os que responderam a pesquisa.

Tribunais	Responderam
STF	SIM
STJ	SIM
TST/CSJT	SIM
TRF1	SIM
SJDF (TRF1)	SIM
TJDFT	SIM
TRT1	SIM
TRT2	SIM
TRT4	SIM
TRT5	SIM
TRT7	SIM
TRT8	SIM
TRT9	SIM
TRT15	SIM
TRT16	SIM
TRT17	SIM
TRT21	SIM
TRT23	SIM
TOTAL 18	TOTAL 18

Fonte: Elaborado pelo autor (2023).

A Tabela 01 revela que todos os 18 (dezoito) tribunais que integram o grupo RIJU3.0, espaço amostral considerado, participaram da pesquisa. Para efeitos de análise, foi levada em conta a resposta de um representante de cada tribunal.

Inicialmente, os participantes foram questionados se consideravam que a Unidade de Inteligência que gerenciam/colaboram atua *predominantemente* em qual nível de assessoramento (operacional, tático ou estratégico). Os números indicam 7 (sete) votos para o nível operacional, 7 (sete) para o nível estratégico e 4 (quatro) votos para o nível tático. A observação feita pelo autor de que a atuação da Inteligência da Polícia Judicial não tem sido predominantemente no nível estratégico se confirma nesta pesquisa.

O segundo questionamento teve o escopo de analisar se os entrevistados acreditavam que focar mais treinamentos no nível estratégico de atuação da Inteligência (para a equipe da Unidade de Inteligência) seria mais proveitoso à Segurança Institucional do Poder Judiciário? Aqui, a resposta foi unânime. Ou seja, todos os 18 (dezoito) participantes concordaram que mais treinamentos no nível estratégico de atuação da Inteligência seria mais proveitoso à Segurança Institucional do Poder Judiciário. Tal fato, visivelmente, confirma a importância dada pelos entrevistados a este nível de atuação e o quanto o aprofundamento e aprimoramento sobre o tema é desejado integralmente.

A terceira e última pergunta tinha como objetivo arguir os entrevistados sobre a quais grupos específicos os treinamentos na área de Inteligência deveriam ser direcionados. Para permitir uma análise mais abrangente dos dados, essa pergunta permitia múltiplas respostas. A alternativa que recebeu mais apoio foi aquela que defendia que o treinamento deveria ser oferecido «a todos os Policiais Judiciais, independentemente da lotação», com 13 (treze) votos. Em segundo lugar, empatados, ficaram as opções «aos magistrados» e «aos decisores/usuários», cada uma com 10 (dez) votos. Em seguida, a alternativa «apenas aos Policiais Judiciais lotados nas Unidades de Inteligência» obteve 7 (sete) votos; e 3 (três) entrevistados escolheram a opção «também a outros servidores de outras Unidades do Tribunal".

Os resultados desta questão permitem inferir que a grande maioria dos entrevistados acredita que todos os Policiais Judiciais, independentemente de estarem ou não lotados nas Unidades de Inteligência, devem receber treinamento na área, como já vem fazendo o TRT-5. Neste sentido, quando agentes operacionais possuem conhecimentos básicos sobre as técnicas e conceitos de Inteligência, isso possibilita maior integração em ações operacionais. Tal visão deve ser estendida também aos «magistrados» e aos «decisores/usuários», para que criem uma cultura de Inteligência.

3. CONSIDERAÇÕES FINAIS

Como é público e notório, em muitos casos o Estado brasileiro vem perdendo a guerra contra o crime organizado, que também ameaça e repercute na atuação do Poder Judiciário. Os métodos tradicionais de combate à criminalidade tem se mostrado visivelmente ineficazes e só poderão ser superados por ações estritamente pautadas na Inteligência, nos seus mais diversos níveis de atuação. Nesse contexto, a Inteligência da Polícia Judicial surge como instrumento de suporte para o devido assessoramento nas atividades de Segurança Institucional do Poder Judiciário da União.

Nesta toada, vislumbra-se o quanto é imprescindível que autoridades e decisores sejam assessorados por informações e conhecimentos precisos e oportunos para que possam decidir sobre questões de caráter estratégico com segurança e visando a proteção dos interesses de toda a sociedade.

O presente artigo corrobora a observação inicial do pesquisador, no sentido de que a atuação das Unidades de Inteligência da Polícia Judicial no âmbito do Poder Judiciário da União, nesse primeiro momento de atividade, não tem atuado preponderantemente no nível estratégico. Além disso, todos os participantes, concordaram que mais treinamentos no nível estratégico de atuação da Inteligência, seriam proveitosos ao aperfeiçoamento da Segurança Institucional. Tal fato, reitera-se, confirma a importância dada pelos entrevistados a este nível de atuação e quanto o aprofundamento e aprimoramento sobre o tema é desejado por todos. Por fim, diante das respostas apresentadas, a imensa maioria dos entrevistados consideram que todos os policiais judiciais, independentemente de estarem ou não lotados nas Unidades de Inteligência, devem receber treinamentos na área, como é feito no TRT5, o que é importante, pois a prática demonstra o quanto isso faz diferença no sucesso das missões. O mesmo se pode dizer quanto aos "magistrados" e aos "decisores/usuários" dos conhecimentos produzidos pelas Unidades de Inteligência, devendo haver atuação firme, visando a construção de uma cultura de Inteligência que viabilizará a integração de todos os profissionais que, direta ou indiretamente, participam da prestação jurisdicional.

Assim, é possível concluir que as Unidades de Inteligência da Polícia Judicial desempenham um papel fundamental diante dos desafios enfrentados na consolidação e fortalecimento de um judiciário verdadeiramente republicano e autônomo em termos de Segurança Institucional. A atuação da Inteligência, especialmente em sua dimensão estratégica, é essencial para fornecer suporte aos decisores em todos os níveis. Utilizando essa ferramenta valiosa é possível melhorar significativamente os serviços prestados pela Segurança Institucional do Poder Judiciário. A vantagem de possuir conhecimentos especializados é inegável, especialmente quando se trata de interesses estratégicos da instituição.

Por fim, é importante reiterar que este estudo buscou produzir um trabalho técnico e provocar reflexões visando estimular futuras pesquisas sobre as medidas a serem adotadas para impulsionar a Atividade de Inteligência da Polícia Judicial, especialmente no que diz respeito à sua atuação contínua em nível estratégico. Isso visa estabelecê-la verdadeiramente como um pilar de suporte aos gestores, contribuindo para o fortalecimento e consolidação do Poder Judiciário nacional, e, em última instância, beneficiando toda a sociedade brasileira.

4. REFERÊNCIAS

ANTHONY, R. N. **Planing and Control Systems: A Framework for Analysis**. Cambridge: Harvard University Press, 1965.

BRASIL, Secretaria-Geral. **Decreto nº 10.778, de 24 de agosto de 2021, Estratégia Nacional de Inteligência de Segurança Pública**. Diário Oficial da União. Brasília, 2021. Disponível em: https://www.planalto.gov.br/ccivil_03/_ato2019-2022/2021/decreto/d10778.htm. Acesso em: 04/08/2023.

CHIAVENETO, Idalberto. **Introdução à Teoria Geral da Administração**. 9ª ed. Barueri: Manole, 2014.

CONSELHO NACIONAL DE JUSTIÇA. **Relatório Anual do CNJ – 2022**. Disponível em: https://www.cnj.jus.br/wp-content/uploads/2023/03/relatorio-anual-2022-v4-2023-01-20.pdf. Acesso em: 30/08/23.

GONÇALVES, Joanisval Brito. **Atividade de inteligência e Legislação Correlata**. 6ª ed. Niterói: Impetus, 2018.

MENDES, Cintiene S. Monfredo e PINTO, Maurício Viegas. **Inteligência Estratégica**. 1ª ed. Brasília: Pró-Consciência, 2022.

NUNES, Alexandre Magno; PINTO, Maurício Viegas. Inteligência de Segurança Institucional: Operacionalização do Sistema após a aprovação do ato normativo que institui a Doutrina de Inteligência de Inteligência do Poder Judiciário. **Revista CNJ**, Brasília, v. 6, n. 2, p. 25–36, 2022. Disponível em: https://www.cnj.jus.br/ojs/revista-cnj/article/view/295. Acesso em: 3 set. 2023.

PIRES, Jobson. **Níveis organizacionais, seus respectivos níveis de planejamento e implicações na logística.** Disponível em: https://pt.linkedin.com/pulse/n%C3%ADveis-organizacionais-e-tipos-de-planejamento-jobson-pires. Acesso em: 30 jul. 2023.

SANTOS, Maria Layala de Souza. **Inteligência e Segurança Pública**. 1ª Ed. Curitiba: IEDE, 2020.

SEABRA, Marcelo Schettini; SILVA, Antonio Donizete Ferreira da. A atividade de inteligência no Poder Judiciário: a defesa dos Princípios de Bangalore e sua aplicação nos núcleos de pesquisa patrimonial. **Revista CNJ**, Brasília, v. 4, n. 1, jan./jun.2020. Acesso em: 26 ago. 2023.

A forma como a Inteligência Estratégica trata a informação auxiliará no delineamento de cenários futuros, ao antecipar a detecção de ameaças potenciais e proporcionar maior diversificação no leque de alternativas fornecido aos gestores.

APLICAÇÃO DA INTELIGÊNCIA EM NÍVEL ESTRATÉGICO PELA POLÍCIA JUDICIAL: A CONSOLIDAÇÃO DA SEGURANÇA INSTITUCIONAL

JOSEMILSON DE MENESES TAVARES

Especialista em Inteligência Estratégica pela AVM Faculdade Integrada/RJ. Químico Industrial pela Universidade Federal de Sergipe (UFS). Bacharel em Direito pela Universidade Tiradentes/SE. Agente de Polícia Judicial do Tribunal Regional do Trabalho da 20ª Região.

RESUMO

O artigo busca demonstrar a relevância da Inteligência Estratégica no desenvolvimento do processo de fortalecimento da estrutura de defesa das organizações, destacando a sua aplicação no gerenciamento do sistema de segurança institucional do Poder Judiciário. Nesse diapasão, a Inteligência Estratégica avoca para si o papel de responsável por fornecer informações capazes de balizar alterações significativas na condução do planejamento dos projetos, na redefinição dos conceitos e métodos, no estabelecimento das prioridades, na delimitação das áreas de atuação e na gestão dos recursos humanos e materiais, como forma de auxiliar na garantia da manutenção da supremacia do Poder Judiciário.

Palavras-chave: Inteligência Estratégica. Fortalecimento organizacional. Segurança Institucional. Gestão. Planejamento.

1. INTRODUÇÃO

A atuação da Inteligência em nível estratégico tem um papel relevante para as organizações policiais no mundo contemporâneo, pois permite a implementação de sua estrutura de defesa em face das novas adversidades.

O conhecimento produzido em nível estratégico destina-se tanto à identificação de oportunidades quanto de ameaças, oriundas dos mais diversos tipos de situações a que as organizações policiais se submetem no cumprimento de suas missões.

Esse processo, que se inicia com obtenção e tratamento de dados, resulta na difusão de conhecimentos estratégicos, de forma a possibilitar a elaboração de estratégias aptas a proteger os ativos policiais, melhorar o posicionamento da organização policial em ambientes conflituosos e balizar decisões que precisam ser tomadas pela alta gestão.

Ao promover assessoramento de alto nível, a Inteligência conduzida em nível estratégico possibilita a antecipação às mudanças de conjuntura, favorecendo a adoção de atitudes proativas, identificando oportunidades e ameaças, e consequentemente proporcionando a neutralização ou redução dos riscos associados a um cenário de incertezas.

Note-se, nesse sentido, que o escopo abrangente de atuação da Inteligência em nível estratégico também abrange a elaboração de planos de defesa, os quais são relevantes para o fortalecimento e instrumentalização da ação da Polícia Judicial em contextos de adversidade.

Desse modo, a aplicação da Inteligência em nível estratégico se revelaria como vital para a atividade desenvolvida pela polícia judicial, tendo em vista que o processo de coleta e processamento de informações no âmbito de uma organização policial produzirá o conhecimento necessário não apenas para balizar a sua atuação diante de adversidades, mas também para a formulação de políticas e estratégias, fatores que subsidiarão a tomada de decisão em alto nível.

O assessoramento de Inteligência deve, portanto, seguir uma sistemática que contribua para o desenvolvimento da capacidade de agir antecipadamente.

Desse modo, a Inteligência em nível estratégico, como instrumento de assessoramento para o processo decisório, contribuiria para o planejamento, execução e controle das ações da Polícia Judicial, ao ser vocacionada para a identificação e avaliação de ameaças e oportunidades, de modo a subsidiar os processos de gestão em seus diferentes níveis no âmbito da segurança institucional.

2. APLICAÇÕES NO GERENCIAMENTO DOS SISTEMAS DE SEGURANÇA INSTITUCIONAL

A nova realidade enfrentada pelos órgãos do judiciário nas demandas relacionadas à segurança institucional exige que modificações estruturais e administrativas sejam implementadas visando à revitalização e ao redimensionamento dessa área. Em virtude do grande número de litígios emanados da sociedade, da complexidade das ameaças sofridas pelos magistrados de todo o país e das ameaças reais e potenciais, aos quais estão submetidas as instituições julgadoras no Brasil, a segurança institucional passa a ser fator essencial para garantir a devida prestação jurisdicional.

Nesse contexto, percebe-se como imprescindível uma evolução significativa na forma de se pensar a segurança institucional. Quando refletimos sobre esse conceito, não estamos apenas nos referindo à preparação de agentes para a segurança orgânica, mas sim para uma atividade mais complexa. Segurança institucional está diretamente relacionada ao desenvolvimento de ações de caráter preventivo e protetivo, utilizando conhecimentos produzidos pelas unidades de Inteligência da Polícia Judicial, a qual, conforme comentado acima, revela-se essencial para fundamentar o processo decisório de mais alto nível.

> Uma política de segurança bem desenvolvida, combinada à educação e treinamento adequado, aumenta bastante a consciência do empregado sobre o tratamento correto das informações corporativas.
>
> Sem uma política de classificação de dados, todas as informações internas devem ser consideradas confidenciais, a menos que seja especificado o contário. (MITNICK, 2002, p.22)

Destaque-se, nesse sentido, que é papel da Inteligência fornecer aos gestores da Polícia Judicial conhecimento necessário para o assessoramento do processo decisório no âmbito de suas respectivas atribuições, uma vez que estes gestores são responsáveis pelo processo de controle de vulnerabilidades e pela identificação de ameaças que afetem aos ativos institucionais do Poder Judiciário.

Desse modo, a atividade de Inteligência da Polícia Judicial tem sido fundamental no desempenho de ações que demandem o levantamento, identificação e acompanhamento de fatos ou situações que impliquem risco, real ou potencial, aos ativos institucionais, disponibilizando aos gestores, a partir dos conhecimentos produzidos, subsídios necessários para o assessoramento da tomada de decisão em nível estratégico. Percebe-se, assim, que essa atividade assume papel de relevo no contexto da Polícia Judicial, uma vez que passa a ser um componente fundamental para a consolidação da segurança institucional.

Nesse contexto, o grande desafio da atividade de Inteligência na Polícia Judicial passa a ser a capacitação de agentes para atuar de forma proativa, desenvolvendo estratégias capazes de viabilizar a obtenção de dados de interesse para a antecipação de ameaças, de forma a gerar diferencial competitivo para os gestores da segurança institucional.

Presume-se, desse modo, que para alcançar o seu objetivo maior (a garantia da prestação jurisdicional), a atuação da Polícia Judicial deve estar pautada em três preceitos básicos: a obtenção de dados de interesse, a produção de conhecimentos e a difusão oportuna desses conhecimentos aos gestores de segurança institucional.

Esses preceitos contribuirão significativamente para garantir maior efetividade ao trabalho realizado pela Polícia Judicial, de modo a viabilizar uma mudança significativa no cenário atual de segurança institucional, ao utilizar recursos conferidos pelo emprego da Inteligência em nível estratégico.

3. O PAPEL DA TECNOLOGIA NA IMPLEMENTAÇÃO DA INTELIGÊNCIA EM NÍVEL ESTRATÉGICO PELAS UNIDADES DA POLÍCIA JUDICIAL

O processo de globalização tornou o mundo mais competitivo. Esse fenômeno também se refletiu nas organizações criminosas e passou a exigir das forças policiais maior grau de qualificação para fazer frente a essa nova realidade.

> Se resgatarmos a história, veremos diversas fases. Desde as revoluções industrial e elétrica, a abertura de mercado e o aumento da competitividade proporcionado pela globalização, passando pelos momentos relacionados à reengenharia de processos, à terceirização, à virtualização e, mais recentemente, aos efeitos da tecnologia da informação aplicada ao negócio de forma cada vez mais abrangente e profunda. (SÊMOLA, 2003, p.23)

O aperfeiçoamento profissional aumentou a demanda pelo uso da tecnologia, tendo em vista a potencialidade que ela confere à execução das atividades laborais. As unidades de Inteligência da Polícia Judicial fogem à regra, pois a atividade requer uso intenso dos mais diversos tipos de tecnologias e ferramentas que realizam a busca por dados de interesse, especialmente em ambiente cibernético. Neste processo, os dados coletados são tratados, analisados e eventualmente relacionados com outros que guardam algum tipo de vínculo, a fim de reduzir incertezas e viabilizar a produção do conhecimento em nível estratégico.

Unidades de Inteligência que atuam em nível estratégico devem buscar implantar tecnologias que permitam a identificação de ameaças e assegurem a proteção dos ativos. Destaque-se, nesse sentido, que compete aos gestores da Polícia Judicial propor a implementação de tais tecnologias, de modo a integrar as bases de dados disponíveis e potencializar a produção de conhecimentos.

O desenvolvimento da atividade de Inteligência em nível estratégico tem papel importantíssimo nesse contexto, pois é por meio dela que poderemos transformar ameaças e oportunidades em vantagens competitivas. Ao balizar o estabelecimento das políticas e estratégias organizacionais, as unidades de Inteligência passam a contribuir efetivamente para o sucesso das instituições.

Pode-se entender, desse modo, a Inteligência Estratégica como a ação coordenada de um processo que se destina a buscar, tratar e distribuir informações, a fim de proporcionar a tomada de decisões coerentes em cenários de incerteza.

Lembrando-se que:

> Toda informação é influenciada por três propriedades principais: confidencialidade, integridade e disponibilidade, além dos aspectos autenticidade e legalidade, que complementam essa influência. (SÊMOLA, 2003, p.32)

Registre-se que, por essa perspectiva, a atividade de Inteligência Estratégica se aplicaria a todas as funções desempenhadas pelo Poder Judiciário, sejam elas: jurídicas, administrativas, de segurança institucional, dentre outras.

As unidades de Inteligência da Polícia Judicial, especificamente, mostram-se bastante receptivas à utilização de novas metodologias, que sejam aptas à produção de conhecimentos em nível estratégico.

De um modo geral, há consenso por parte dos gestores de Inteligência da Polícia Judicial de que suas unidades devem investir tanto em pessoal quanto em tecnologia, para que disponham de meios adequados para promover a segurança dos ativos institucionais e garantir uma adequada prestação jurisdicional.

De forma ilustrativa, pode-se comparar o emprego da tecnologia na Inteligência Estratégica com o benefício gerado por um radar: mesmo ao navegar durante a noite, e em mares turbulentos, a sua implantação permite ao comandante da embarcação a identificação e avaliação prévia de potenciais ameaças que se interponham pelo caminho e de correntes favoráveis que possam facilitar a viagem.

Em termos práticos, pode-se inferir que o uso da tecnologia pelas unidades de Inteligência com atuação em nível estratégico otimizaria o processo de coleta, análise e interpretação da informação, viabilizando a produção e difusão de conhecimentos necessários para balizar a tomada de decisão pela alta gestão das cortes do Poder Judiciário.

4. O CAMINHO TRILHADO PARA A IMPLEMENTAÇÃO DA INTELIGÊNCIA ESTRATÉGICA NAS UNIDADES DE INTELIGÊNCIA DA POLÍCIA JUDICIAL

Antes de tudo, é preciso planejar para que se possa alcançar de forma consciente os objetivos traçados. E para planejar, precisa-se saber quais objetivos se pretende alcançar. Na prática, se a organização não sabe para onde está indo, não dispõe dos recursos mínimos para planejar as suas ações. A identificação dos objetivos passa, necessariamente, pelo entendimento da missão institucional. A implementação da Inteligência em nível estratégico inicia-se, portanto, pela identificação dos objetivos e da própria missão institucional da Polícia Judicial.

Planejar, por outro lado, envolve refletir sobre a execução de uma ação antes que ela aconteça, para manter-se livre de problemas futuros.

> Planejamento pode ser conceituado como um processo desenvolvido para o alcance de uma posição desejada de um modo mais eficiente e efetivo, com a melhor concentração de esforços e recursos pela empresa. (OLIVEIRA, 204, p.50)

A partir do planejamento, pode-se inferir quais serão as atividades necessárias para o estabelecimento das políticas e estratégias decorrentes da missão institucional. Um processo eficaz de planejamento não estabelece apenas o que será executado para a implementação das políticas e estratégias, mas orienta também como isso deve ser feito.

Através do planejamento, unidades de Inteligência da Polícia Judicial podem ser modificadas e ajustadas, novos posicionamentos podem ser adotados, equipes criadas, projetos acelerados e metodologias implementadas, garantindo-se, assim, uma melhor performance organizacional.

Podemos constatar que, no transcorrer da história da humanidade, os povos sempre se valeram do planejamento para atingir os seus objetivos através da aplicação de metodologias de Inteligência.

Desde os tempos bíblicos, já se utilizava a Inteligência para angariar informações julgadas importantes com o objetivo de se justificar as ações futuras; isso ocorreu, por exemplo, com Moisés, ao enviar espiões à terra de Canaã.

Os tempos foram mudando e com o surgimento dos Estados Nacionais surgiu a necessidade de manutenção do poder e ampliação das fronteiras. O planejamento agora estava voltado para conhecer o potencial ofensivo do inimigo, já que a guerra seria o meio utilizado para atingir esse fim. Aqueles que fossem dotados de uma força militar mais efetiva e organizada, fatalmente massacrariam seus adversários, tomariam suas terras e ampliariam assim o seu domínio, aumentando consequentemente o seu poderio político e econômico.

Sun Tzu foi um general militar da China antiga, estrategista e filósofo, que ao escrever o livro "A Arte da Guerra", considerado a bíblia da estratégia, nos deixou a seguinte lição:

> Se conheces o inimigo e conheces a ti mesmo, não precisas de temer o resultado de cem batalhas. Se te conheces a ti mesmo, mas não conheces o inimigo, por cada vitória sofrerás também uma derrota. Se não te conheces a ti mesmo nem conheces o inimigo, perderás todas as batalhas. (SUN TZU, 1983, p. 43)

Nos tempos modernos, a Inteligência Estratégica foi utilizada para impulsionar a expansão marítima e conquistar o Novo Mundo através da utilização dos incrementos tecnológicos da época.

Com a I Guerra Mundial, intensificaram-se as ações de espionagem e contraespionagem, como forma de defesa e até mesmo de ataque, ao oportunizarem um conhecimento mais profundo do inimigo.

Na atualidade, a Inteligência Estratégica tem sido cada vez mais incorporada por organizações, estatais e não estatais, estabelecendo um fluxo contínuo de informações destinadas a identificar e avaliar ameaças, bem como explorar oportunidades, em cenários predominantemente antagônicos.

Nesse mesmo compasso, um dos grandes desafios do Poder Judiciário na atualidade reside em conseguir salvaguardar da ação de atores adversos aquelas informações que sejam vitais para o desenvolvimento de suas atividades: as chamadas informações estratégicas.

Quando nos deparamos com esse tipo de ameaça, geralmente consolidada por meio da aplicação de técnicas de engenharia social, somos levados a concluir que, do mesmo modo que a atividade de Inteligência, a Contrainteligência Estratégica também teria muito a contribuir com a proteção dos ativos institucionais.

Estudos apontam que o elemento mais vulnerável de qualquer sistema de segurança da informação é o ser humano, o qual possui traços comportamentais e psicológicos que o tornam suscetível a ataques de engenharia social, cujo objetivo é subtrair informações estratégicas que dizem respeito a determinada instituição.

> Muitos ataques de engenharia social são complicados e envolvem diversas etapas e planejamento elaborado, além de combinar o conhecimento da manipulação e tecnologia. (MITNICK, 2002, p.25)

A percepção desta ameaça nos leva a afirmar que o caminho para a implementação da Inteligência Estratégica no Poder Judiciário passe, preliminarmente, pelo fortalecimento das ações de Contrainteligência destinadas à detecção, identificação, avaliação e eventual neutralização de atores adversos, que patrocinem ações destinadas à obtenção clandestina de informações estratégicas no âmbito do Poder Judiciário.

Quanto a esse aspecto, vale ressaltar que o grande desafio para que possamos superar falhas relacionadas à proteção de informações estratégicas, no âmbito do Poder Judiciário, não está apenas na obtenção de modernas tecnologias, mas passa também pela conscientização de magistrados, servidores, colaboradores e estagiários para a criação daquilo que chamamos "cultura de segurança".

O tratamento dispensado pelos funcionários à informação muitas vezes não é compatível com o valor a ela atribuído. Essa mentalidade precisa ser alterada, principalmente em se tratando de informações sensíveis ou estratégicas.

O meio mais eficaz para se provocar esta importante mudança de mentalidade é a conscientização dos recursos humanos, preparando-os e habituando-os a entender a enorme importância da informação.

Existem muitas falhas a corrigir no tocante à proteção de informações estratégicas no âmbito do Poder Judiciário, o que demonstra quão vulnerável estamos no tocante à segurança de nossas informações.

Informações importantes têm sido expostas por ações descuidadas de pessoas que carecem de um treinamento adequado. Reiterados episódios de violação de sistemas e extração ilegal de credenciais de acesso, terminam por comprometer a credibilidade do Poder Judiciário junto à opinião pública nacional.

Infelizmente, na visão equivocada de alguns gestores, o investimento em segurança e Inteligência ainda se traduz em mais uma despesa, quando na verdade seria uma ação destinada a evitar eventuais ações adversas, que comprometeriam não só a reputação da segurança, como também de toda a instituição.

5. APLICAÇÕES DA INTELIGÊNCIA ESTRATÉGICA PARA O GERENCIAMENTO DE CRISES PELAS UNIDADES DE INTELIGÊNCIA DA POLÍCIA JUDICIAL

A palavra crise, de origem alemã, está relacionada à tomada de decisão em momentos sensíveis.

A crise envolve um acontecimento imprevisível capaz de provocar danos significativos a uma nação, instituição ou organização, atingindo de forma direta todos aqueles que a integram.

Quando uma crise é mal administrada, a reputação, a credibilidade e a imagem do ente envolvido correm grave risco de serem afetadas negativamente. Por esse motivo, a crise deve ser tratada com eficiência e profissionalismo. Isso é o que se depreende, por exemplo, do conceito de crise apresentado a seguir:

> Um acontecimento extraordinário, ou uma série de acontecimentos, que afeta de forma diversa a integridade do produto, a reputação ou a estabilidade financeira da organização; ou a saúde e bem-estar dos empregados, da comunidade ou do público em geral. (WILCOX, 2001, p.191)

No contexto institucional, a crise requer que medidas sejam tomadas a fim de que os interesses relacionados à organização não sejam afetados, a ponto de se gerar uma ruptura do *status quo*.

Alguns motivos podem ser determinantes para que uma crise se instale. Eles vão desde uma informação revelada indevidamente (vazamentos ou desinformações), até uma acusação não fundamentada.

Toda crise exige desprendimento de esforço para utilização de mecanismos de contenção e de assessoramento no processo de tomada de decisões. Em outras palavras, o emprego de recursos de Inteligência.

O gerenciamento de crises, nesse sentido, é algo que toca diretamente ao Sistema de Justiça Brasileiro, que tem como obrigação manter a ordem pública, preservar a vida, garantir a prestação jurisdicional e fazer cumprir as Leis.

Para conter uma crise, faz-se necessário agir com rapidez, de modo a identificar os seus elementos, analisá-los, verificar sua amplitude e tomar as providências cabíveis para amenizar eventuais consequências.

Tanto países, como organizações, estão propensos a enfrentarem os mais diversos tipos de crise e, para fazer frente a tal situação, é fundamental constituir e manter um grupo de gerenciamento, que deverá ser formado por profissionais criteriosamente escolhidos, com a finalidade de avaliar riscos e preparar planos para agir preventivamente, bem como para administrar os efeitos da crise, que por acaso já esteja instalada. No âmbito da segurança institucional, tais atribuições caberiam naturalmente às unidades de Inteligência da Polícia Judicial.

É fundamental, portanto, que unidades de Inteligência da Polícia Judicial possuam em seus quadros indivíduos realmente capacitados a antecipar e gerenciar, com subsídio de conhecimentos de Inteligência Estratégica, crises e conflitos que tenham potencial para impactar profundamente a instituição, ou seja, que de algum modo possam comprometer a sua reputação, a sua imagem e a sua credibilidade junto à opinião pública.

Como exemplos de situações capazes de ensejar potenciais crises, podemos destacar: ameaças e atentados contra magistrados, invasão e depredação de prédios dos tribunais, invasão e sequestro de bases de dados do Poder Judiciário (ataques de *ransonware*), ataques a oficiais de justiça no cumprimento de mandados, e outros eventos que comprometam a devida prestação jurisdicional.

Nesse sentido, cabe ainda destacar que, conforme dados de pesquisa norte-americana, 85% das crises podem ser previamente detectadas por um sistema de percepção que seja adequadamente alimentado por dados estratégicos.

Evidentemente, o gerenciamento de crises envolve a tomada de decisões. E antes que elas aconteçam, faz-se necessário conhecer e avaliar os desdobramentos que poderão causar, isso implica em dizer que tais decisões devem ser precedidas por levantamentos de Inteligência.

A imagem, a reputação e a credibilidade são ativos de grande importância para o Poder Judiciário. Embora esses bens sejam construídos ao longo do tempo, uma única crise mal gerenciada pode ser suficiente para que eles sejam seriamente impactados.

Quando usualmente o Prof. Dr. Marcos Fava Neves afirma: "*quanto maior o incêndio, mais cara é a água do bombeiro*", ele quer dizer que quanto menos investirmos na prevenção, mais gastaremos na recuperação.

> O gerenciamento de crise consiste em um elenco de providências destinadas a prevenir ou minimizar os impactos que a ocorrência de determinados eventos possa causar à produção ou prestação de serviço de uma empresa. (MANDARINI, 2005, p.57)

Há inúmeros casos de organizações que, por não acreditarem que seria preciso investir em equipes de gerenciamento de crise, precisaram gastar cifras astronômicas em ações de recuperação posterior. Por esses motivos, é muito mais prudente manter um gabinete de gerenciamento de crises funcionando, por exemplo, no escopo das unidades de Inteligência da Polícia Judicial. Sempre será muito mais dispendioso recuperar danos causados à imagem e à reputação dos órgãos do judiciário, do que evitar que as ações causadoras de tais danos aconteçam. Por isso, é fundamental que as equipes de gerenciamento de crises sejam permanentemente subsidiadas com conhecimentos de Inteligência Estratégica.

Um exemplo claro dos possíveis desdobramentos ocasionados pela deflagração de uma crise, é o episódio que resultou no sequestro dos bancos de dados do Superior Tribunal de Justiça (STJ).

Na ocasião, magistrados e servidores permaneceram por alguns dias sem acesso aos processos que tramitavam neste Egrégio, o que gerou enorme apreensão entre as partes e seus respectivos advogados.

Fatos semelhantes a esse, que potencialmente podem acarretar prejuízos irrecuperáveis para os jurisdicionados, alcançam grande repercussão e maculam a imagem do Poder Judiciário, levantando questionamentos sobre a sua real capacidade de custodiar, de forma adequada, dos processos e interesses de milhares de pessoas que recorrem à justiça em nosso País.

Segundo a doutrina de gerenciamento de crises do FBI, existem TRÊS CRITÉRIOS que deverão respaldar a tomada de decisões quando da instalação de uma crise: a) O CRITÉRIO DA NECESSIDADE, que tem como fundamento a ideia de que toda e qualquer ação só deverá ser executada quando for indispensável; b) O CRITÉRIO DA VALIDADE do risco, que nos leva a uma reflexão mais profunda quanto ao resultado da ação, fazendo-nos pensar se a promoção da ação diante do risco trará os resultados esperados e por fim, c) o CRITÉRIO DA ACEITABILIDADE, que está diretamente ligado à ética, à moralidade e à legalidade.

Ressaltamos, ainda, o fato de que as crises apresentam algumas características relevantes que as associam diretamente ao trabalho desenvolvido pelas unidades de Inteligência da Polícia Judicial. Dentre elas, podemos destacar: ameaça à vida, urgência e imprevisibilidade.

Imperioso reiterar que lidar com gerenciamento de crises não é algo simples, requer por parte dos agentes envolvidos uma série de precauções e cuidados. Na grande maioria das vezes, policiais encarregados de gerenciar e resolver crises estão agindo em nome do Estado e, desse modo, poderão trazer para a Administração Pública encargos decorrentes de responsabilidade civil, a depender do desfecho final do processo.

Outro ponto de grande relevância, que deve ser assinalado, é o fato de que não existe momento pré-definido para que a crise ocorra. É um evento inesperado que traz consigo resultados imprevisíveis, exigindo que as unidades de Inteligência da Polícia Judicial estejam sempre de prontidão para evitar que ela se instale ou se intensifique.

Vale ressaltar, ainda, que os holofotes da mídia estarão sempre focados no desencadear das ações praticadas, de modo que um erro de procedimento poderá ser crucial para aqueles que estão à frente do processo, expondo a instituição que estão representando.

Diante dessa complexa sistemática, a Inteligência Estratégica tem um papel importantíssimo, pois é através dela que as informações chegam, são analisadas e o plano de ação é estabelecido para que se possa alcançar o sucesso na operação. Ademais, caberá a ela fornecer subsídios necessários para a tomada de decisões e a execução das ações em nível estratégico.

6. CONCLUSÃO

O atual cenário deixa bastante claro que vivemos em um mundo cada dia mais violento e competitivo. É justamente diante desse contexto que percebemos a importância da Inteligência Estratégica como meio de assessorar o planejamento e balizar a tomada das decisões por parte das unidades de Inteligência da Polícia Judicial, de forma a garantir a proteção dos ativos do Poder Judiciário nacional.

Na Era do Conhecimento, a informação é o recurso mais valioso para a Inteligência Estratégica. É através de sua coleta e análise que são produzidos conhecimentos considerados fundamentais para o desenvolvimento das estratégias que viabilizarão a manutenção da segurança institucional.

A forma como a Inteligência Estratégica trata a informação auxiliará no delineamento de cenários futuros, ao antecipar a detecção de ameaças potenciais e proporcionar maior diversificação no leque de alternativas fornecido aos gestores.

Estabelecer estratégias capazes de superar riscos e garantir vantagens competitivas não é tarefa fácil. Lastreada no princípio da oportunidade, a Inteligência Estratégica busca, através da produção e difusão de informações, assessorar o decisor em cenários de incerteza, subsídio indispensável para viabilizar a segurança dos ativos institucionais em face dos antagonismos encontrados na atualidade.

O mundo moderno e a globalização impulsionaram sobremaneira a atividade da Inteligência Estratégica, atraindo para o seu escopo grandes desafios, que são próprios de uma conjuntura volátil, incerta, complexa e ambígua.

A dinâmica de mudanças no tempo e no espaço, no Brasil e no mundo, exige uma radical transformação na forma de pensar e agir por parte daqueles que detém poder de decisão. Essa revolução proporcionará alterações significativas na condução do planejamento dos projetos, na redefinição dos conceitos e métodos, no estabelecimento das prioridades, na delimitação das áreas de atuação e na gestão dos recursos humanos e materiais.

Por essas razões, a Inteligência Estratégica funcionará como importante aliada na manutenção da autonomia e independência do Poder Judiciário, ao assegurar, através dos valorosos serviços prestados pelas unidades de Inteligência da Polícia Judicial, o cumprimento de seu relevante papel constitucional.

7. REFERÊNCIAS

BRASIL. Constituição (1988). **Constituição da República Federativa do Brasil, 1988.** Disponível em: <https://www.planalto.gov.br/ccivil_03/constituição/constituição.htm >. Acesso em: 7 jun. 2024.

MANDARINI, Marcos. **Segurança corporativa estratégica. Fundamentos.** Barueri, São Paulo: Manole, 2005.

MITNICK, Kevin D.; SIMON, Willian L. **A arte de enganar**. São Paulo: Pesarson Education do Brasil Ltda., 2002.

OLIVEIRA, Djalma de Pinho Rebouças. **Planejamento estratégico**. São Paulo: Atlas, 2004.

SÊMOLA, Marcos. **Gestão da segurança da informação: uma visão executiva**. Rio de Janeiro: Campus, 2003.

TZU, Sun. **A arte da guerra**. Rio de Janeiro: Record, 1983.

WILCOX, Dennis L; AULT, Philip H.; CAMERON, Glen T. **Relaciones públicas:** Estrategias y tácticas. Madrid: Pearson Educación Madrid, S.A., 2001.

O comportamento ético é componente essencial do trabalho na Atividade de Inteligência, pois é por meio do comportamento profissional do operador de inteligência que o chamado controle específico interno social será exercido pelo próprio profissional de inteligência.

A ÉTICA COMO VALOR ESSENCIAL PARA A ATIVIDADE DE INTELIGÊNCIA DA POLÍCIA JUDICIAL:

UM ENFOQUE SOB OS PARÂMETROS DEONTOLÓGICOS INERENTES À ATIVIDADE E OS MECANISMOS DE CONTROLE E FISCALIZAÇÃO PREVISTOS NO ATUAL ORDENAMENTO DO PODER JUDICIÁRIO

AGNALDO DIAS DE SOUZA

Certificado pelo Instituto Universitario de la Policía Federal Argentina no curso de Maestría em Gestión de Seguridad Publica pelo Instituto Universitario de la Policía Federal Argentina; Diplomado pela Escola Superior de Guerra no Curso Superior de Inteligência Estratégica, com formação extensiva de Analista Internacional; Pós-graduado em Gestão de Segurança Pública; em Segurança Pública e Defesa Social; e em Relações Internacionais - área de concentração Segurança e Defesa; Graduado em Direito e Administração de Empresas; Instrutor credenciado pelo TRF da 1ª Região e pela Academia Nacional de Segurança Institucional do Poder Judiciário. Diretor do Núcleo de Apoio ao Sistema de Inteligência Institucional da Justiça Federal da 1ª Região. Presidente do Comitê Gestor Regional do Código de Conduta da Justiça Federal, âmbito do TRF 1ª Região.

RESUMO

Reconhecida por muitos como "hermeticamente fechada", a atividade de Inteligência, *intencionalmente ou por desconhecimento daqueles que a executam, pode deslocar-se facilmente para uma posição diametralmente oposta aos seus propósitos institucionais, maculando sem medida a imagem dos seus operadores, gestores, e, consequentemente, a imagem da própria instituição.* O presente artigo busca demonstrar em reflexão o quão importante representa o comportamento ético individual dos gestores e operadores da recém instituída *Inteligência de Segurança Institucional do Poder Judiciário* - em especial por parte dos *Agentes da Polícia Judicial*, combinadamente com a aplicação dos princípios éticos do nosso ordenamento pátrio. Vislumbra-se que a união desses dois elementos possa determinar não somente a segurança jurídica necessária ao seu ideal emprego, mas, para além disso, a sua consolidação como atividade imprescindível para que o Poder Judiciário cumpra o seu principal *mister* constitucional, qual seja, exercer uma prestação jurisdicional segura e independente.

Palavras-chave: Poder Judiciário. Ética. Atividade de Inteligência. Polícia Judicial.

1. INTRODUÇÃO

As discussões, reflexões e permanente evolução sobre a temática ética nas relações cidadãs de qualquer sociedade é algo inquestionavelmente necessário. No âmbito restrito da Administração Pública é algo que, para além de ser necessário, constitui um dever de obrigação legal, sob o nosso prisma, do dever constitucional.

De acordo com as finalidades estabelecidas pela Doutrina de Inteligência de Segurança Institucional do Poder Judiciário (DISIPJ), a Atividade de Inteligência de Segurança Institucional é realizada conforme os preceitos constitucionais, legais e normativos do Conselho Nacional de Justiça (CNJ), visando:

a. Produzir conhecimentos úteis e oportunos para subsidiar e assessorar o processo decisório no âmbito da Segurança Institucional do Poder Judiciário;
b. Proporcionar diagnósticos e prognósticos de fatos e situações que sejam de interesse real ou potencial para a Segurança Institucional do Poder Judiciário;
c. Salvaguardar a recepção, armazenamento, produção, circulação, difusão, arquivamento e destruição de dados e conhecimentos sensíveis no âmbito da Segurança Institucional do Poder Judiciário; e
d. Promover ações, procedimentos e medidas voltadas à prevenção e à contraposição de ações adversas de qualquer natureza que constituam ameaça aos ativos institucionais do Poder Judiciário.

Nessa perspectiva e ainda sob a égide da DISPJ, o controle e fiscalização da Atividade de Inteligência de Segurança Institucional serão exercidos pelos seguintes órgãos:

a. Comitê Gestor do Sistema de Inteligência do Poder Judiciário (SINASPJ);

b. Comissão Permanente de Segurança (CPS) dos tribunais; e
c. Unidades de Inteligência de Segurança Institucional (UISI) dos tribunais.

Conforme expressão do referido texto doutrinário o principal objetivo desses órgãos de controle refere-se à fiscalização e ao controle interno e externo das ações de inteligência e contra inteligência e de outras a elas relacionadas, desenvolvidas pelos integrantes das Unidades de Inteligência (*operadores de Inteligência*[37]) dos tribunais no Brasil, a fim de assegurar que tais práticas sejam realizadas em conformidade com a Constituição Federal e com as normas constantes do ordenamento jurídico nacional, em defesa dos direitos e garantias individuais e do Estado e da sociedade.

Ainda conforme o texto doutrinário, entende-se por fiscalização e controle todas as ações referentes à supervisão, verificação e inspeção da Atividade de Inteligência de Segurança Institucional do Poder Judiciário brasileiro.

O controle e fiscalização da Atividade de Inteligência de Segurança Institucional do Poder Judiciário recairão sobre as ações desenvolvidas pelas Unidades de Inteligência dos tribunais e seus operadores, em todo o ciclo da inteligência, entre as quais as de reunião, por coleta ou busca, análise de dados, produção de conhecimentos, e difusão, bem como em todas as operações e medidas de contrainteligência.

O objetivo do presente artigo é trazer à reflexão dos leitores, mas sobretudo dos gestores e operadores da Atividade de Inteligência do Poder Judiciário os limites de conduta ética impostos pela atipicidade inerente à Inteligência como Atividade.

Para tanto, foi utilizado uma revisão do arcabouço jurídico, da literatura vigente e dos principais normativos que parametrizam o controle dessa atividade denominada *Inteligência de Segurança Institucional do Poder Judiciário*.

Com o emprego dessa metodologia, busca-se identificar se os preceitos éticos, ou seja, os princípios éticos do nosso ordenamento pátrio, estão definidos de forma clara e objetiva no regramento tanto jurídico quanto administrativo dos operadores de inteligência do Poder Judiciário, dito de outra forma, dos agentes da polícia judicial.

37 No texto autoral o servidor integrante de uma Unidade de Inteligência será denominado operador de inteligência.

Verifica-se que, não obstante haver normativa de controle e fiscalização e que esse ordenamento faça referência genérica ao dever de cumprimento constitucional com irrestrita atenção à defesa e preservação dos direitos e garantias individuais e do Estado e da sociedade, ainda assim, podemos constatar, durante a revisão da literatura de pesquisa, que a temática relativamente à conduta ética não aparece de forma fragmentada como nos parece ser o tratamento mais adequado, restringindo-se basicamente e pontualmente a um tópico do texto doutrinário aqui ressaltado. Ou seja, presume-se que o controle ético – quesito essencial, portanto, indispensável a servir de parâmetro ao operador de Inteligência do Poder Judiciário, segue sendo interpretado de forma genérica ao estatuto do servidor público, ou seja, se aplicado e quando aplicado, será subsidiariamente e indiretamente utilizado os mesmos fundamentos aplicados aos servidores públicos de modo geral, restando por deixar de excepcionar a atipicidade, a singularidade específica inerentes aos denominados serviços de Inteligência.

Em que pese tanto a Atividade de Inteligência do Poder Judiciário quanto a Polícia Judicial estarem em fase – podemos dizer, pós-embrionária – isto é, em fase de construção de suas bases normativas, acreditamos convictamente que o controle ético na atividade de Inteligência deva constar de forma sistematizada em todos os campos do universo alcançados pela respectiva atividade, o que inclui sua previsão desde os processos de seleção e formação dos operadores de Inteligência a todas as fases do chamado ciclo de Inteligência, notadamente as denominadas operações de Inteligência.

ATIVIDADE DE INTELIGÊNCIA DA POLÍCIA JUDICIAL

Segundo os termos da Resolução CNJ 435, de 28/10/2021, que dispõe sobre a Política e o Sistema Nacional de Segurança do Poder Judiciário, a atividade de Inteligência de Segurança Institucional se caracteriza pelo exercício permanente e sistemático de ações especializadas, conforme prevê o art. 1º, parágrafo único, da Resolução CNJ 383/2021 – documento que cria o Sistema de Inteligência de Segurança Institucional do Poder Judiciário – e observará o *sistema*, a *doutrina* e o *plano de inteligência normatizados pelo Conselho Nacional de Justiça.*

De acordo com o dispositivo em referência, entende-se por atividade de Inteligência o *exercício permanente e sistemático de ações especializadas para identificar, avaliar e acompanhar ameaças reais ou potenciais aos ativos do Poder Judiciário, orientadas para a produção e salvaguarda de conhecimentos necessários ao processo decisório no âmbito da segurança institucional.*

Como marco inicial da atividade, identificou-se a Resolução CNJ 176 de 2013 que, ao criar o Departamento de Segurança e Inteligência do Poder Judiciário (DSIPJ), reconheceu efetivamente a atividade de Inteligência como ferramenta de apoio e execução às medidas de segurança e proteção voltadas às suas instituições.

A partir daí, instituiu-se a Política Nacional de Segurança do Poder Judiciário (PNSPJ), Res. CNJ 239 de 06/09/2016, estabelecendo, dentre seus comandos, que o SINASPJ, o Departamento de Segurança Institucional do Poder Judiciário (DSIPJ), as Comissões de Segurança Permanente e as unidades de segurança institucional dos tribunais seriam orientados pela correspondente Política.

Em relação aos princípios que norteiam as diretrizes da Política, ficou estabelecido no art. 3º:

I. *Preservação da vida e garantia dos direitos humanos* (grifo nosso);
II. Autonomia e independência do Poder Judiciário;
III. Efetividade da prestação jurisdicional e garantia dos atos judiciais; e
IV. Proteção dos ativos do Poder Judiciário.

Relativamente ao que se refere às Atividades de Inteligência a PNSPJ atribui ao Comitê Gestor do Sistema Nacional de Segurança do Poder Judiciário a prerrogativa de definir os protocolos, as medidas e as rotinas de segurança que compõem o referido documento. E dentre os objetivos estabelecidos pelo Comitê Gestor, destaca-se no inciso III, art. 5º, o seguinte:

> I – (...);
> II – (...):
> III - *definir metodologia para a produção de conhecimentos de inteligência no âmbito da Segurança Institucional do Poder Judiciário.*

Posteriormente à edição do documento Política Nacional de Segurança do Poder Judiciário (Res. CNJ 239/2016), o CNJ consolidou todo o arcabouço de normativas num único documento, a Resolução Nº 291 de 23 de agosto de 2019.

Neste importante normativo, as DIRETRIZES voltadas à Atividade de Inteligência foram assim delineadas:

a. Segurança institucional do Poder Judiciário *tem como missão promover condições adequadas de* segurança pessoal e patrimonial, assim como *meios de inteligência* aptos a garantir aos magistrados e servidores da Justiça o pleno exercício de suas atribuições (art. 2º);
b. Que a PNSPJ se rege pelos seguintes princípios, dentre outros: Pela integração e interoperabilidade dos órgãos do Poder Judiciário com instituições de Segurança Pública e *Inteligência* (art. 3º, inciso V);
c. Que o Comitê Gestor *definirá a metodologia para a produção de conhecimentos de inteligência* (art. 8º, inciso III);
d. *Que orientará sobre as atribuições dos profissionais de* segurança e *Inteligência* que atuam no Poder Judiciário (art. 8º, inciso IV);
e. *Proporá* à Presidência do CNJ *a assinatura de instrumentos de cooperação técnica com* o Conselho Nacional do Ministério Público, órgãos de segurança pública e *inteligência*, e outras instituições (art. 9º, inciso I);
f. *O Departamento de Segurança Institucional do Poder Judiciário supervisionará e avaliará as medidas de proteção adotadas em favor de magistrados e seus familiares,em conjunto com os núcleos de* segurança e *inteligência dos tribunais* (art. 10, inciso IV);
g. Caberá às Comissões Permanentes de Segurança, dentre outras atribuições (art. 12):

   II. *instituir núcleo de inteligência;* e por fim

h. Os tribunais promoverão, em conjunto com os órgãos policiais (art. 16, parágrafo único):

IV. Imediante convênio, formação, especialização e adestramento dos agentes de segurança – *leia-se:* agentes da polícia judicial, *precipuamente para inteligência* e segurança de dignitários e instalações.

Daí por diante, sobreveio o mais significativo dos normativos, referimo-nos à Resolução CNJ 344 de 09 de setembro de 2020, normativo que passou a representar um marco histórico, responsável por revolucionar as atividades de segurança institucional do Poder Judiciário. Principal documento de todo arcabouço de normativos do Poder Judiciário, a Resolução CNJ 344/2020, surgiu como verdadeiro marco para a Política de Segurança Institucional do referido Poder. A partir dela foram instituídas as especialidades de Inspetor e Agente da Polícia Judicial, respectivamente.

Nessa perspectiva, e autorizados a exercer o poder de polícia administrativa, os integrantes da Polícia Judicial assumiram novas e importantes atribuições, dentre as quais, a de realizar investigações preliminares de interesse institucional; efetuar prisão em flagrante; auxiliar na custódia provisória e escolta de presos nas instalações do Poder Judiciário; executar escolta armada; atuar como força de segurança, realizando policiamento ostensivo nas dependências do tribunal; realizar atividades de inteligência na produção do conhecimento para a segurança orgânica e estrutural do tribunal; e operar equipamentos específicos de segurança no desempenho das atividades de inteligência e contrainteligência autorizadas pelo presidente.

Por meio da Resolução CNJ 383, de 25 de março de 2021, instituiu-se o denominado Sistema de Inteligência de Segurança Institucional do Poder Judiciário (SISIPJ), cuja finalidade visa subsidiar o processo decisório relacionado à segurança institucional, por meio da produção e salvaguarda de conhecimentos realizados pela atividade de Inteligência.

De valor representativo à atividade de Inteligência, o último documento instituído até o corrente momento (outubro/2023), refere-se à *Resolução CNJ Nº 447, de 29 de março de 2022, que instituiu a Doutrina de Inteligência de Segurança Institucional do Poder Judiciário.*

Em síntese – e não poderia ser diferente – o documento faz apenas breve menção à própria Doutrina, documento de acesso restrito e classificado como de nível reservado (anexo da Resolução CNJ 447/2022), em conformidade com os arts. 23, VIII, e 24 da Lei 12.527/2011 – Lei de Acesso à Informação. (BRASIL, 2011)

2. REFERENCIAL TEÓRICO

CONSIDERAÇÕES RELEVANTES EXTRAÍDAS DO CORPO DA DOUTRINA DE INTELIGÊNCIA DE SEGURANÇA INSTITUCIONAL DO PODER JUDICIÁRIO

Preliminarmente às considerações relativamente à Doutrina de Inteligência de Segurança Institucional do Poder Judiciário, faz-se por conveniente destacar que, de todo arcabouço de normativos que norteiam as atividades da segurança institucional do Poder Judiciário, ou, que norteiam as atividades finalísticas da Polícia Judicial, incluindo as *atividades de Inteligência,* em nenhum dos documentos citados há qualquer menção ao que poderíamos marcar como questões ou preceitos relacionados à conduta ética, notadamente a conduta ética do operador de Inteligência do Poder Judiciário.

Inobstante terem sido instituídos vários normativos, cada um deles de expressivo valor para a atividade de Inteligência da Polícia Judicial, dentre estes o que dispõe sobre o Sistema Nacional de Segurança do Poder Judiciário (Res. CNJ 176/2013), o que se refere à Política Nacional de Segurança do Poder Judiciário (Res. CNJ 239/2016), o que trata do Sistema de Inteligência de Segurança Institucional do Poder Judiciário (Res. CNJ 383/2021), e finalmente o que cria a Polícia Judicial (Res. CNJ 344/2020), em nenhum desses importantes normativos estabeleceu-se algum dispositivo mandamental de natureza ética.

Pellanda (2005), discorrendo sobre o tema, enfatiza que pensar na ética como instrumento de gestão pública – destinado a garantir ao cidadão a transparência e moralidade dos agentes do Estado no exercício de sua função – implica transcender seu conceito filosófico e contemplá-la também sob uma perspectiva normativa. E isto ocorre porque o Estado é uma instituição jurídica, e utiliza o direito como sistema sobre o qual desenvolve e legitima suas ações. No ensejo, cita Althusser a quem atribui que o direito é apenas um dos aparelhos ideológicos do Estado, o que comprova que a ética no serviço público, mesmo sendo uma ética normativa, não se desvincula da moralidade e dos valores que conformam uma determinada sociedade. *E prossegue....*

A diferença básica entre a ética como conceito filosófico norteador da conduta de qualquer indivíduo e a ética do agente público está justamente no elemento normativo desta última, de modo a transcender juízos de valor sobre fatos sociais, uma vez que esses juízos, embora existam, já foram feitos no momento em que se elaborou a norma de conduta que vincula o agente. Em outras palavras, a ética axiológica opera internamente num modal ontológico do certo e errado; mas a ética normativa é deontológica. O autor faz uma relação direta entre este entendimento e a teoria tridimensional de Miguel Reale. Em sua teoria, Reale (1994) apresenta o direito como a manifestação de três dimensões da realidade social: a dimensão fática, a dimensão axiológica e a dimensão normativa. Sustenta que, enquanto a ética se manifesta no mundo dos fatos e dos valores, o direito se manifesta no mundo dos fatos, dos valores e das normas. E acrescenta: a diferença entre estes dois sistemas está numa característica própria deste terceiro elemento, qual seja, a norma, que representa o poder de coerção, atributo do Estado.

Pellanda conclui parcialmente esse recorte, revelando-nos que a consequência dessa distinção é demonstrada pela seguinte ideia: Se a ética deixa de ser um sistema valorativo para se tornar um sistema valorativo-normativo, a violação de um preceito ético representa também a violação de uma norma.

Nesse contexto, e sob a perspectiva de um sistema exclusivamente ético, o autor ressalta que os valores a serem considerados na verificação da retidão de uma conduta estão exclusivamente no plano interno daquele indivíduo, pois são valores incorporados às suas convicções do que é certo e errado; no plano da sanção, caso venha a violar um preceito ético, essa sanção ficará limitada ao que o autor chama de *plano interno de sua existência*, ou seja, a manifestação será representada por sentimentos de remorso ou arrependimento por ter violado seus princípios.

Já numa perspectiva de um sistema ético-normativo, isto é, num sistema jurídico, os valores e regras de conduta a serem respeitados não estão meramente na cabeça do agente, mas sim, e previamente, nas normas e regulamentos instituídos em conformidade com as diretrizes e procedimentos legais. Interpretado sob outro ângulo, ao violar um preceito normativo o agente não se limitará a sofrer uma sanção no *plano interno de sua existência*, isto é, no plano do remorso ou arrependimento, mas para além disso, estará sujeito também a uma sanção externa, ou seja, imposta pela sociedade com base no ordenamento jurídico.

De outra parte, e tomado por extrema preocupação em relação a essa problemática, em artigo de autoria deste que ora subscreve, intitulado *Segurança Institucional e Inteligência Judiciária na Justiça Federal – Panorama, avanços e desafios frente ao cenário de (in) segurança pública* SOUZA (2018), o artigo já ressaltava aspectos de prioridade de atenção a subtemas envolvendo *capacitação continuada/ética/controle/fiscalização, pois, a falta de diretrizes explicitamente claras e objetivas relativamente aos subtemas destacados, tende a gerar um desvirtuamento dos propósitos institucionais, inclusive, podendo resultar em sérios riscos na hipótese do emprego inadequado da ferramenta, e.g.*, *com atuação no âmbito das "operações de Inteligência", vertente da atividade que deve ser, em boa medida, evitada no Poder Judiciário, à exceção daquelas que se destinam tão somente a proteger os ativos institucionais, ações de contrainteligência.* Parte conclusiva do artigo já ressaltava a preocupação com essa temática quando lembrávamos que, *sendo a atividade de Inteligência no Poder Judiciário algo novo, como tal, recomendava-se prudência e cautela até que a mesma alcançasse o seu tempo natural de reconhecimento, maturação no exercício e domínio dos seus gestores e operadores. Ressaltava mais..... peculiarmente sensível, até mesmo para experimentados profissionais – de extraordinária ferramenta utilizada em prol das instituições nos níveis estratégico, tático e operacional, a ferramenta mal utilizada, controlada, ou sem um mandato claro e bem definido – intencionalmente ou por desconhecimento, pode deslocar-se facilmente para uma posição diametralmente oposta a seus institucionais propósitos, maculando sem medida a imagem dos seus decisores ou de toda uma instituição.*

E sobre as operações de Inteligência, vertente da atividade de Inteligência prevista na Doutrina de Inteligência do Poder Judiciário, Ferro (2021), faz a seguinte abordagem: As operações de Inteligência executadas sem controle e tutela, põem em risco os limites constitucionais do cidadão e os próprios direitos humanos. "*Poder sem contrapesos tem potencial de perpetrar excessos e abusos*" (FERRO, 2021, pg.81).

Discorrendo sobre a Doutrina de Inteligência de Segurança Institucional do Poder Judiciário (DISIPJ/2021), em seu preâmbulo que trata da *finalidade*, a doutrina é realizada conforme os preceitos constitucionais, legais e normativos. Já em relação aos *valores*, o documento assegura possuir por fundamento a independência, a imparcialidade e autonomia do Poder Judiciário e atua para resguardar a efetividade da prestação jurisdicional, submetendo-se aos princípios constitucionais do Estado Democrático de Direito, devendo ser realizada com fundamento em sólidos *valores éticos e morais*, permanentemente compromissada com a vida, a verdade, a lealdade, a justiça, a legalidade e o respeito aos direitos e garantias fundamentais.

Justificando a preocupação do autor, no capítulo reservado à Busca Operacional, a doutrina estabelece que sendo recurso imprescindível à obtenção dos dados que não estão disponíveis e sejam essenciais à produção do conhecimento a ação de Busca Operacional *deverá estar lastreada em sólidos preceitos éticos.*

Relativamente ao controle das ações de buscas operacionais, a DISIPJ preconiza que, para além do controle exercido diretamente pelos gestores das Unidades de Inteligência de Segurança Institucional, as ações de Busca Operacional estarão submetidas também ao controle realizado pelos integrantes das Comissões Permanentes de Segurança Institucional dos Tribunais.

Em relação ao capítulo referente às atribuições e responsabilidades dos integrantes do Sistema de Inteligência de Segurança Institucional do Poder Judiciário (SInSIPJ), às Unidades de Inteligência caberá, dentre outras atribuições, a de realizar atividades de inteligência e contrainteligência, adotando as técnicas operacionais, dentro da doutrina específica e em estrito cumprimento das normas constitucionais e legais.

O PARADIGMA DA DOUTRINA NACIONAL DA ATIVIDADE DE INTELIGÊNCIA (2016)

Tendo como resultado de sua elaboração o referencial das principais doutrinas de Inteligência vigentes no país, a Doutrina de Inteligência de Segurança Institucional do Poder Judiciário, subsidiou-se, dentre outras, das diretrizes estabelecidas na Doutrina Nacional da Atividade de Inteligência, considerado o principal documento sobre os fundamentos doutrinários da atividade de Inteligência no Brasil, preconizando o tratamento responsável da questão ética na atividade de Inteligência. Eis o que ressalta este importante documento sobre o assunto:

> A Atividade de Inteligência tem o compromisso de prestar satisfação de suas ações a si mesma e aos outros e de atuar da forma mais competente possível. Ademais, por envolver escolhas e deliberações morais, o exercício dessa atividade é necessariamente suscetível ao exame ético.

Nessa perspectiva, é valioso ressaltar qual a abordagem que a respectiva doutrina faz, relativamente ao tema ética na atividade de Inteligência. QUATRO SÃO AS ABORDAGENS ÉTICAS NA CONCEPÇÃO DA DOUTRINA, edição 2016 (BRASIL, 2016):

a. Abordagem idealista - "concebe a moralidade como um referencial absoluto, de modo que qualquer ação tachada como imoral não pode servir para a persecução de nenhum fim" (DNISP, 2016, p. 76). Para Sobral (2009), os fins nunca justificam os meios, e os seus princípios éticos claros geram poucas dúvidas no julgamento das ações. Immanuel Kant foi o filósofo que influenciou a ética idealista (KANT, 1995);
b. Abordagem realista - Nessa perspectiva ética tem grande peso a razão do Estado, por isso, "seu valor moral maior é o bem da comunidade política, ou seja, agir em favor do interesse nacional é um princípio moral" (DNISP, 2016. pg.76). Conforme postulado por Maquiavel (1999), em sua célebre obra *O príncipe*: "A pátria deve ser defendida com glória ou infâmia, em qualquer caso será bem defendida";
c. Abordagem consequencialista -"leva em consideração o efeito deletério da ação. Trata-se de uma espécie de cálculo moral, em que a justificativa ocorre quando o benefício é maior que o malefício" (DNISP, 2016. p 76). Essa abordagem deriva da teoria ética utilitarista, a qual tem como um dos grandes pensadores Jeremy Bentham, o qual defendia que " a coisa certa a fazer é aquela que maximizará a utilidade" (BENTHAM, 2019); e
d. Abordagem da "teoria da Atividade de Inteligência justa" - inspirada na "teoria da guerra justa", a qual tem sua origem no pensamento de Agostinho de Hipona (GOLDIM, 2011). Tal pensamento se fundamenta no princípio do *jus in bello* (justiça no guerrear) que versa sobre o cumprimento ou violação de normas de combate, sejam essas legais ou informais (SILVA, 2021). Essa abordagem é "sensível aos ditames da abordagem idealista, mas admite que os países não possam sacrificar seus interesses e aceitar ameaças à sua segurança" (DNISP, 2016. pg.76). Nessa abordagem, as ações de inteligências são consideradas imprescindíveis, e alguns valores éticos são contrariados em situações justificáveis.

Contextualizando as quatro abordagens de valoração ética, a citada doutrina enfatiza que cada uma delas é mais ou menos útil para moldar as ações de Inteligência e que não seria nada conveniente e nem produtivo a adesão a apenas uma delas. Assim, indica três fontes de orientação aos operadores de Inteligência, quais sejam:

a. *Um Código de Ética Profissional* (*grifo nosso*);
b. Os princípios das atividades de inteligência; e
c. A literatura acadêmica, incluindo a jurisprudencial sobre o tema.

Como já ressaltado outrora sobre a visibilidade de tratamento da temática ética no campo do conhecimento *Atividade de Inteligência*, existe uma evidente carência no tratamento à referida questão, isso é perceptível, inclusive, numa indispensável discussão e debate no âmbito acadêmico.

Relativamente quanto aos códigos de ética inerentes à atividade de Inteligência, o que se revela na prática são produções genéricas, carecendo, portanto, de um regramento deontológico para essa específica e atípica área denominada Atividade Inteligência. Exceção à parte, o Código de Ética da Agência Brasileira de Inteligência (Abin), instituído pela Portaria nº 66/Abin/GSI/PR, de 17 de fevereiro de 2022 – houve uma 1ª edição instituída em dez/2012 -, em que pese tenha sido alvo de polêmicas relacionadas à forma como foi instituído, isto é, sem uma chancela parlamentar pós escrutínio de um debate democrático, polêmicas à parte, fato é que o referido Código da Abin igualmente adota uma redação extensiva em relação ao tema ética, isto é, extensiva a todos os servidores públicos e colaboradores daquela instituição, portanto, de interpretação genérica e minimalista no aprofundamento do tema.

Já em relação à Doutrina Nacional da Atividade de Inteligência (BRASIL, 2016, corroborada pela atualização de 2023), há uma definição um pouco mais clara e objetivamente voltada à VALORES ÉTICOS que devem ser observados na atividade de Inteligência, quais sejam:

a. Representar a verdade;
b. Aplicar métodos na elaboração do conhecimento, evitando meras ilações;
c. Rejeitar qualquer interferência no processo de produção do conhecimento;
d. Promover o país por meio de sua atuação;
e. Tratar os assuntos de seu trabalho com discrição;
f. Considerar a dignidade individual e o interesse coletivo como referência para aquisição e para a produção do conhecimento;

g. Considerar, no trato com estrangeiro, o princípio da reciprocidade e os direitos humanos; e
h. Refletir criticamente sobre a necessidade e as implicações morais de suas ações e decisões.

De todo modo, os mais críticos e céticos pensadores da temática consideram que mesmo na Doutrina Nacional da Atividade de Inteligência a abordagem ainda se caracteriza por superficial quanto ao que se poderia denominar controle ético da atividade de Inteligência. A percepção para esses críticos é que esses manuais de conduta ética deixam a desejar no quesito entendimento prático das ações éticas, ou seja, deixam para o operador de Inteligência a responsabilidade dele próprio avaliar na prática os limites éticos das ações a ele submetidas.

Essa percepção nos parece ainda mais evidente - na realidade translúcida - nos termos em que se apresenta a nova edição (2023) da Doutrina da Atividade de Inteligência, documento publicado pela Agência Brasileira de Inteligência (ABIN). No capítulo e preâmbulo exclusivamente dedicado à Ética, ressalta-se que o comportamento ético é componente essencial do trabalho na atividade de inteligência, pois é por meio do comportamento profissional do operador de inteligência que o chamado *controle específico interno social* será exercido pelo próprio profissional de inteligência. (Grifo nosso)

Em revista aos principais normativos que dão base às atividades de segurança institucional no âmbito do Poder Judiciário e, por extensão, às atividades de Inteligência exercidas por agentes da Polícia Judicial, conclui-se, como já ressaltado, que existe um *vácuo normativo*, pontualmente atribuído ao controle ético que deve ser exigido fragmentadamente no desempenho das atividades de Inteligência da Polícia Judicial.

No âmbito dos tribunais da União que, *via de regra*, aderem aos Programas de Reciclagem Anual dos Profissionais de Segurança, no caso específico da Justiça Federal o tema da ética igualmente não está contemplado no denominado "*Componentes curriculares obrigatórios*", programa que se destina a atender às diretrizes da Política de Segurança Institucional da Justiça Federal.

Portanto, no contexto da deontologia aqui ressaltada, deduz-se que o Poder Judiciário não possui um código de ética especificamente elaborado para a atividade de Inteligência, nem tampouco um código de ética consolidado do Poder Judiciário – à exceção do Código da Magistratura – sendo observado e utilizado se assim desejar – e de forma subsidiária

– o único marco orientador nesse segmento, o Código de Ética Profissional do Servidor Público Civil do Poder Executivo Federal (BRASIL, 1994), aplicado ao servidor público de maneira geral, ou seja, documento de abrangência a toda Administração Pública brasileira e, por essa razão, obviamente, não contemplando diretrizes éticas de interesse aos operadores da atividade de Inteligência e menos ainda, aos operadores de inteligência do Poder Judiciário.

Vale acrescentar nessa abordagem que a Justiça Federal possui um Código de Conduta Ética, instituído em abril de 2011 (BRASIL, 2011). Do mesmo modo, a grande maioria dos tribunais estaduais possuem seus códigos de ética – somente em três unidades federativas não foram encontrados códigos de ética. Nesse prisma, segue mantida a mesma conclusão quanto à precariedade de conteúdo ético que sirva de referência ao agente da polícia judicial, sendo ele operador de inteligência ou não.

Nesse contexto, ou seja, reconhecendo a escassez e a precariedade de diretrizes claras e pontuais que definam os limites éticos para o desempenho da atividade de Inteligência no Poder Judiciário, a probabilidade no surgimento de dilemas éticos os quais deverão passar os operadores de Inteligência, certamente será uma variável constante em suas atividades profissionais.

3. CONCLUSÃO

De todo o exposto, depreende-se, inequivocamente, sobre a relevância do tema no desempenho da atividade de Inteligência no Poder Judiciário. Em que pese a atividade de Inteligência no Brasil possua um histórico que se aproxima de um século, ou seja, 96 (noventa e seis) anos precisamente (instituído o Conselho de Defesa Nacional-1927), o 1º código de ética dirigido ao agente público no país só foi instituído no ano de 1994 (Decreto 1.171), portanto, 67 anos depois.

Questões relacionadas a limites éticos na atividade de Inteligência são sempre cercadas por polêmicas e divergências, contudo, um entendimento nessa perspectiva é predominantemente recepcionado, tanto por idealistas quanto por relativistas. Pellanda (2005), ressalta que os códigos de ética constituem fatores de segurança jurídica tanto para o agente público como para a sociedade. Para o agente público, na medida em que o protege de acusações infundadas, delimitando os parâmetros de moralidade a serem observados no exercício de sua profissão e informando-o até onde pode ir sem que possa dizer que está infringindo a lei; para a sociedade, na medida em que dá transparência às ações do Estado, fornecendo parâmetros para se exigir deste e de seus agentes o comportamento adequado às funções e finalidades estatais.

Segundo Gonçalves (2009) citando Mariana Caprini - Diretora do Programa de Governança e Sociedade do Instituto Internacional de Pesquisa para Paz de Estocolmo (SIPRI) - a atividade de Inteligência requer padrões muito altos de ética por parte de seus gestores e operadores. Essa ética, ressalta, envolve inclusive o compromisso de buscar a verdade e apresentá-la ao tomador de decisão, seja politicamente aceitável ou não.

Por conclusão, mas também por definição conceitual, a finalidade dos códigos de ética no âmbito da Administração Pública é a prevenção de ocorrências geradoras de conflitos de interesses; Pellanda (2005), vai além. Para este autor, significa também evitar que o agente seja colocado em situações nas quais interesses privados possam se contrapor ao interesse público inerente às atribuições públicas que ele exerce, e, caso isso ocorra, que lhe seja exigido agir de acordo com o interesse público.

Tais situações, prossegue o autor, envolvem tanto os interesses privados de terceiros – que podem exercer pressões para fazer sobrepor seus interesses próprios – quanto os interesses particulares do próprio servidor - que pode se ver no dilema em que realizar uma atribuição funcional possa vir a contrariar um interesse próprio. Em ambos os casos, conclui Pellanda, mas em especial no último caso, as soluções apresentadas nos normativos éticos sempre tendem para uma ética de responsabilidade.

No campo restrito da atividade de Inteligência da Polícia Judicial, citando Souza (2018), (...) *muito ainda há que ser feito no âmbito do Poder Judiciário e suas duas esferas* (tribunais da União e tribunais dos Estados), os desafios são homéricos, contudo, todos são reconhecidamente passíveis de serem superados.

Nessa perspectiva, restou evidenciada a necessidade de os órgãos de cúpula do Poder Judiciário incluírem a temática Ética na matriz de formação e capacitação continuada dos agentes da polícia judicial e, com especial ênfase, aos operadores da atividade de Inteligência.

Já em outra perspectiva, os mesmos órgãos de cúpula, notadamente o próprio CNJ, na condição de órgão central e coordenador do Sistema de Inteligência de Segurança Institucional (SInSIPJ), *(re)* avaliar os processos de gestão da atividade de Inteligência do Poder judiciário, evoluindo para um novo modelo de gestão, modelo este gerido exclusivamente por servidores de carreira do Poder Judiciário. Afinal, tratando-se da Inteligência Institucional deste Poder, cujo fundamento para sua utilização está baseado em assegurar sua efetiva independência e autonomia, a garantia do sigilo, princípio que constitui a essência da Atividade de Inteligência impende, conforme preconiza a própria Doutrina de Inteligência do Poder Judiciário, a previsível estruturação de uma rede própria – entendida aqui, gestada por servidores do Poder Judiciário e preferencialmente, por agentes da polícia judicial, isso, sem prejuízo da necessária e indispensável integração e cooperação interinstitucional.

4. CONSIDERAÇÕES FINAIS

Após discorrer por variadas reflexões de natureza ética com foco no ambiente profissional da Polícia Judicial e mais notadamente, no âmbito da atividade de Inteligência da Polícia Judicial, convido o leitor a lançar olhares prospectivos para um futuro ainda incerto, contudo, irremediável, onde o primeiro grande desafio do Poder Judiciário é pensar em possuir o seu próprio *Código de Ética*, tendo como destinatários os operadores de Inteligência da Polícia Judicial; em segundo lugar, oportunizar e garantir aos agentes da polícia judicial, quais sejam, servidores de carreira do Poder Judiciário, a ocupação de espaços estratégicos na segurança institucional nessa grande e fragmentada rede de instituições deste Poder, isso, não por outro motivo, mas exatamente em convergência a dois preceitos de elevada valoração ética inerentes à Administração Pública e ao Interesse Público, respectivamente, preceitos valorados com supremacia nesse novo e contemporâneo ciclo de vida institucional que ora vivenciamos. Refiro-me, em primeiro lugar ao fator legitimidade, merecido de ser atribuído aos profissionais da segurança institucional desse Poder - *os agentes da polícia judicial* - e em segundo lugar, restituir em favor da sociedade brasileira, um devido e necessário ajuste de natureza ética, qual seja, o de (re) integrar ao seio da sociedade brasileira - com homenagens expressas do mais elevado nível de reconhecimento e agradecimento institucional - profissionais das mais distintas forças de segurança do país que - *ressalte-se* - muito contribuíram para a evolução, o fortalecimento e para a consolidação da segurança institucional do Poder Judiciário, inobstante este expressivo e distinto reconhecimento, são profissionais guardiães da sociedade brasileira e não exatamente de uma instituição.

5. REFERÊNCIAS

BRASIL, **Código de Conduta do Conselho e da Justiça Federal brasileira**, Resolução CJF 147, de 15/04/2011.

____, **Código de Ética Profissional do Servidor Público Civil do Poder Executivo Federal.** Decreto nº 1.171, de 22/06/1994.

____, **Código de Ética da Agência Brasileira de Inteligência (Abin).** Portaria nº 66/GSI/PR de 17 de fevereiro de 2022.

____, **Conselho de Defesa Nacional.** Decreto nº 17.999, de 29/11/1927.

____, **Constituição da República Federativa do Brasil de 1988.** Disponível em: https://www.planalto.gov.br/ccivil_03/constituição/constituição.htm. Acesso em: 8 jun. 2023.

____, **Doutrina de Inteligência de Segurança Institucional do Poder Judiciário**, Anexo da Resolução CNJ 447, de 29/03/2022.

____, **Doutrina Nacional da Atividade de Inteligência**. Abin. Brasília, 2016.

____, **Doutrina Nacional da Atividade de Inteligência.** Brasília, 2023. Disponível em: https://www.gov.br/abin/pt-br/centrais-de-conteudo/doutrina/Doutrina-da-Atividade-de-Inteligencia-2023. Acesso em: 8 jun. 2024.

____, **Lei 12.527/2011**, Regula o acesso à informação - Lei de Acesso à Informação. DOU. Disponível em: https://www.planalto.gov.br/ccivil_03/_ato2011-2014/2011/lei/l12527.htm. Acesso em 8 jun. 2024.

CONSELHO NACIONAL DE JUSTIÇA. **Resolução CNJ nº 218**, de 08/04/2016, altera disposições da Res. CNJ 176/2013, que dispõe sobre o Sistema Nacional de Segurança do Poder Judiciário.

____. **Resolução CNJ 239**, de 06/09/2016, dispõe sobre a Política Nacional de Segurança do Poder Judiciário.

____. **Resolução CNJ 291**, de 23/08/2019, consolida as Resoluções do CNJ sobre a Política e o Sistema Nacional de Segurança do Poder Judiciário.

____. **Resolução CNJ 344**, de 9/09/2020, regulamenta o exercício do poder de polícia administrativa no âmbito dos tribunais, dispondo sobre as atribuições funcionais dos agentes e inspetores da polícia judicial.

____. **Resolução CNJ 383**, de 25/03/2021, cria o Sistema de Inteligência de Segurança Institucional do Poder Judiciário.

____. **Resolução CNJ 435**, de 28/10/2022, dispõe sobre a política e o sistema nacional de segurança do Poder Judiciário.

____. **Resolução CNJ 447**, de 29/03/2022, institui a Doutrina de Inteligência de Segurança Institucional do Poder Judiciário.

ALTHUSSER, Louis. **Aparelhos ideológicos de estado**. 2.ed.Rio de Janeiro: Graal, 1985.p.66-72.

FERRO, Alexandre Lima. **Os direitos humanos como limites das operações de inteligência de segurança pública**. Brasília: Última Ratio, 2021.

GONÇALVES, Joanisval Brito. **O Que Fazer Com Nossos Espiões? Considerações Sobre a Atividade de Inteligência no Brasil**. Agenda Legislativa. Cap.12. Brasília.

PELLANDA, Osires Vargas. Ética Profissional na Atividade de Inteligência: Uma Abordagem Jusfilosófica. **Revista Brasileira de Inteligência**. Vol.1.n.1.dez/2005, Brasília.

REALE, Miguel. **Teoria Tridimensional do direito:** preliminares históricas e sistêmicas. 5.ed. São Paulo: Saraiva, 1994.

SOUZA, Agnaldo Dias de. *Paper* Segurança Institucional e Inteligência Judiciária na Justiça Federal – Panorama, avanços e desafios frente ao cenário de (in) segurança pública no país. **Revista Eletrônica da Seção Judiciária do Distrito Federal.** Ed.40. Ano X – Abril/2018 – Brasília. Disponível em: https://portal.trf1.jus.br/data/files/54/63/C8/39/05ED-96108497CD96833809C2/Revistajusti_a.pdf. Acesso em: 8 jun. 2023.

ANEXOS

RESOLUÇÃO Nº 383, DE 25 DE MARÇO DE 2021.

Cria o Sistema de Inteligência de Segurança Institucional do Poder Judiciário e da outras providencias.

0 PRESIDENTE DO CONSELHO NACIONAL DE JUSTIÇA (CNJ), no uso de suas atribuições legais e regimentais,

CONSIDERANDO as competências estabelecidas pelo art. 103-B, paragrafo 4º, inciso I, da Constituição Federal de 1988 e pelo art. 4º, inciso I, da Resolução CNJ nº 67/2009, que aprova o Regimento Interno do CNJ e da outras providencias;

CONSIDERANDO o disposto no art. 2º, paragrafo único, e inciso II do art. 12 da Resolução CNJ nº 291/2019;

CONSIDERANDO que a atuação preventiva e proativa para a identificação e neutralização de vulnerabilidades e riscos que possam restringir o livre exercício da magistratura exige o estabelecimento de sistema, métodos e ferramentas típicos da atividade de inteligência;

CONSIDERANDO que a lógica sistêmica da atividade de inteligência possibilita a efetiva integração e a interoperabilidade dos órgãos do Poder Judiciário com instituições de segurança publica e inteligência, materializando princípios da Politica Nacional de Segurança do Poder Judiciário;

CONSIDERANDO que o Comite Gestor do Sistema Nacional de Segurança do Poder Judiciário (SINASPJ) tem como um dos seus objetivos a definição de metodologia para produção de conhecimentos de inteligência no âmbito da segurança institucional do Poder Judiciário, conforme sua atribuição de definir protocolos, medidas e rotinas de segurança alinhados a Politica Nacional de Segurança do Poder Judiciário;

CONSIDERANDO o deliberado pelo Plenário do CNJ no procedimento Ato Normativo nº 0001480-08.2021.2.00.0000, na 82ª Sessão Virtual, realizada em 19 de marco de 2021;

RESOLVE:

Art. 1º Fica instituído o Sistema de Inteligencia de Segurança Institucional do Poder Judiciário (SInSIPJ), com a finalidade de subsidiar o processo decisório relacionado a segurança institucional, por meio da produção e salvaguarda de conhecimentos realizados pela atividade de inteligência.

Paragrafo único. Entende-se por atividade de inteligência o exercício permanente e sistemático de ações especializadas para identificar, avaliar e acompanhar ameaças reais ou potenciais aos ativos do Poder Judiciário, orientadas para a produção e salvaguarda de conhecimentos necessários ao processo decisório no âmbito da segurança institucional.

Art. 2º Integram o SInSIPJ, como órgãos de cúpula:

I. Conselho Nacional de Justiça, órgão central e de coordenação;

II. Conselho da Justiça Federal;

III. Conselho Superior da Justiça do Trabalho;

IV. Tribunal Superior Eleitoral;

V. Superior Tribunal Militar;

VI. Tribunais de Justiça dos Estados e do Distrito Federal; e

VII. Tribunais de Justiça Militar dos Estados.

§ 1º 0 Supremo Tribunal Federal poderá, ao seu critério, aderir ao SinSIPJ.

§ 2º Integram também o SInSIPJ os demais órgãos do Poder Judiciário, os quais deverão designar, ao menos, um servidor com capacitação ou reconhecida experiência na área de inteligência para atuar especificamente na atividade de inteligência, na forma do inciso II do art. 12 da Resolução CNJ nº 291/2019.

§ 3º 0 Presidente do CNJ, ouvido o Comite Gestor do SINASPJ, designara servidor, em exercício no DSIPJ, com capacitação ou reconhecida experiência na área de inteligência para coordenar os trabalhos no âmbito do SInSIPJ.

§ 4º 0s integrantes do Sistema Brasileiro de Inteligencia (SISBIN) poderão participar do SInSIPJ, mediante convenio com os seus integrantes e autorização do Comite Gestor do SINASPJ.

§ 5º As unidades de inteligência do Poder Judiciário devem estabelecer ligações interinstitucionais, atuando cooperativamente com órgãos, agencias e unidades de inteligência, prioritariamente nas suas respectivas esferas de jurisdição e eventualmente trocando informações de interesse com outros entes externos, desde que dado conhecimento ao respectivo órgão de cúpula.

§ 6º 0s documentos produzidos pela atividade de inteligência por meio de metodologia própria deverão ser armazenados e difundidos em sistema informatizado especifico, a ser regulamentado pelo CNJ, objetivando garantir o sigilo necessário na gestão de documentos classificados, bem como a sua adequação as normas que regulamentam as atividades de segurança da informação.

Art. 3º 0 SInSIPJ atuara prioritariamente para:

I. A analise permanente e sistemática de situações de interesse da segurança institucional, a fim de propor medidas para garantir o pleno exercício das funções do órgão;
II. A avaliação de riscos, para subsidiar o planejamento e a implementação de medidas para segurança do órgão;
III. A identificação de vulnerabilidades e ameaças que afetem a segurança dos magistrados e, potencialmente, o livre exercício da magistratura; e
IV. A realização de estudos de inteligência sobre cenários criminais que produzam ameaças reais ou potenciais aos ativos ou que possam afetar a independência e autonomia do Poder Judiciário.

Art. 4º 0 Comite Gestor do SINASPJ poderá solicitar a Presidência do CNJ que constitua grupo de apoio com a finalidade de prestar assessoria técnica no controle da atividade de inteligência.

Paragrafo único. 0 grupo de apoio, que terá pelo menos um integrante indicado pela Corregedoria Nacional de Justiça, poderá inspecionar as unidades de inteligência dos órgãos do Poder Judiciário, com o objetivo de difundir e estimular as melhores praticas na atividade de inteligência, bem como de otimizar e aperfeiçoar a produção e a salvaguarda de conhecimentos.

Art. 5º Aplica-se subsidiariamente a esta Resolução o disposto na Resolução CNJ nº 350/2020, naquilo que for cabível e compatível com as especificidades da atividade de inteligência para fins de segurança institucional.

Art. 6º Esta Resolução entra em vigor na data de sua publicação.

Ministro **LUIZ FUX**

RESOLUÇÃO N° 447, DE 29 DE MARÇO DE 2022.

Institui a Doutrina de Inteligência de Segurança Institucional do Poder Judiciário e dá outras providências.

O **PRESIDENTE DO CONSELHO NACIONAL DE JUSTIÇA (CNJ)**, no uso de suas atribuições legais e regimentais,

CONSIDERANDO que a Constituição da República assegura ao Poder Judiciário autonomia administrativa (art. 99) e atribui ao CNJ a missão de zelar pela autonomia do Poder Judiciário e pelo cumprimento do Estatuto da Magistratura (art. 103- B, § 4º, I), e, por conseguinte, pela autoridade e independência dos órgãos judiciários;

CONSIDERANDO que a segurança institucional é a primeira condição para garantir a independência dos órgãos judiciários, na forma dos arts. 10 da Declaração Universal dos Direitos Humanos; 14, 1, do Pacto Internacional dos Direitos Civis e Políticos; 2º e 9º do Código Ibero-Americano de Ética Judicial e 1º do Código de Ética da Magistratura;

CONSIDERANDO a necessidade de padronização de metodologia para a produção do conhecimento e do estabelecimento de uma linguagem que permita o fluxo informacional em uma rede que integre a totalidade das unidades de Inteligência de Segurança Institucional, de forma a aperfeiçoar o assessoramento do processo decisório no âmbito da Segurança Institucional do Poder Judiciário;

CONSIDERANDO competir ao Comitê Gestor propor aperfeiçoamentos à Política Nacional de Segurança do Poder Judiciário, que deverão ser aprovados pelo Plenário do Conselho Nacional de Justiça, consoante assentado pelo § 3º do art. 1º da Resolução CNJ nº 291/2019;

CONSIDERANDO a missão da segurança institucional do Poder Judiciário de promover meios de inteligência aptos a garantir aos magistrados e servidores da Justiça o pleno exercício de suas atribuições (art. 2º da Resolução CNJ nº 291/2019);

CONSIDERANDO a instituição do Sistema de Inteligência de Segurança Institucional do Poder Judiciário (SInSIPJ), nos termos da Resolução CNJ nº 383/2021;

CONSIDERANDO a deliberação do Comitê Gestor do Sistema Nacional de Segurança do Poder Judiciário, em reunião ocorrida em 26 de agosto de 2021, de propor ao plenário a aprovação da Doutrina de Inteligência de Segurança Institucional do Poder Judiciário, constante do processo SEI nº 13238/2019;

CONSIDERANDO a decisão plenária tomada no Ato Normativo nº 0007021- 22.2021.2.00.0000, na 100ª Sessão Virtual, finalizada em 25 de fevereiro de 2022;

RESOLVE:

Art. 1º Fica instituída a Doutrina de Inteligência de Segurança Institucional do Poder Judiciário, constante de anexo desta Resolução, que deve ser considerada como documento de acesso restrito, classificada como reservada, em consonância com o arts. 23, VIII, e 24 da Lei nº 12.527/2011 (Lei de Acesso à Informação).

Parágrafo único. Em face da classificação como reservada, o acesso ao conteúdo da Doutrina de Inteligência de Segurança Institucional do Poder Judiciário por órgãos externos ao Poder Judiciário deverá ser solicitado à Presidência do CNJ, que procederá a análise e decisão acerca de eventuais pedidos, gerando para aquele que obtiver o acesso a obrigação de resguardar o sigilo.

Art. 2º Deverá ser encaminhada cópia da presente Resolução e de seu anexo à presidência de todos os tribunais, à exceção apenas do Supremo Tribunal Federal, bem como ao Conselho da Justiça Federal e ao Conselho Superior da Justiça do Trabalho, com advertência ao caráter reservado da Doutrina de Inteligência de Segurança Institucional do Poder Judiciário.

Art. 3º Esta Resolução entra em vigor na data de sua publicação.

Ministro **LUIZ FUX**

ATIVIDADE DE INTELIGÊNCIA NA POLÍCIA JUDICIAL
foi composto nos dependências da editora
PRÓ-CONSCIÊNCIA®
em formato 15,5 x 22,5 cm
Papel Avena 80g
Brasília/DF - Brasil
VINCIT OMNIA VERITAS